EXPRESSÕES NECESSÁRIAS PARA FALAR
INGLÊS

CRIS SOUZA

EXPRESSÕES NECESSÁRIAS PARA FALAR INGLÊS

3ª edição
2ª reimpressão

GUTENBERG

Copyright © 2015 Cristiano Souza
Copyright © 2015 Editora Gutenberg

Todos os direitos reservados pela Editora Gutenberg. Nenhuma parte desta publicação poderá ser reproduzida, seja por meios mecânicos, eletrônicos ou em cópia reprográfica, sem a autorização prévia da Editora.

EDITORA
Silvia Tocci Masini

EDITORAS ASSISTENTES
Carol Christo
Nilce Xavier

ASSISTENTE EDITORIAL
Andresa Vidal Vilchenski

REVISÃO
José Wenceslau de Carvalho
Richard Shelton Hickox Junior
Renata Silveira

PROJETO GRÁFICO DE CAPA E DE MIOLO
Carol Oliveira

DIAGRAMAÇÃO
Jairo Alvarenga Fonseca

Dados Internacionais de Catalogação na Publicação (CIP)
(Câmara Brasileira do Livro, SP, Brasil)

Souza, Cris
   Expressões necessárias para falar inglês / Cris Souza.
3. ed; 2. reimp. -- Belo Horizonte : Editora Gutenberg, 2016.

   ISBN 978-85-8235-247-2

   1. Inglês - Estudo e ensino 2. Inglês - Expressões idiomáticas I. Título.

15-00999   CDD-428

Índices para catálogo sistemático:
1. Expressões idiomáticas : Inglês : Linguística 428
2. Inglês : Expressões idiomáticas : Linguística 428

A **GUTENBERG** É UMA EDITORA DO **GRUPO AUTÊNTICA**

São Paulo
Av. Paulista, 2.073,
Conjunto Nacional, Horsa I
23º andar . Conj. 2301 .
Cerqueira César . 01311-940
São Paulo . SP
Tel.: (55 11) 3034 4468

Belo Horizonte
Rua Carlos Turner, 420
Silveira . 31140-520
Belo Horizonte . MG
Tel.: (55 31) 3465 4500

Rio de Janeiro
Rua Debret, 23, sala 401
Centro . 20030-080
Rio de Janeiro . RJ
Tel.: (55 21) 3179 1975

www.editoragutenberg.com.br

"Ora (direis) ouvir estrelas! Certo
Perdeste o senso!" E eu vos direi, no entanto,
Que, para ouvi-las, muita vez desperto
E abro as janelas, pálido de espanto..."

(Olavo Bilac, Soneto XIII da Via-Láctea)

SUMÁRIO

INTRODUÇÃO

9

EXPRESSÕES NECESSÁRIAS PARA FALAR INGLÊS

44

REGÊNCIA

167

REFERÊNCIAS

191

APRECIAÇÃO CRÍTICA / BLURBS

197

INTRODUÇÃO

DEFINIÇÕES

É impossível dominar um idioma sem conhecer suas expressões idiomáticas, suas locuções e seus provérbios. É quase impossível manter uma conversa em inglês com um nativo ou ler uma obra inglesa sem encontrar, pelo caminho, numerosas e frequentes expressões idiomáticas e locuções. Menos ou mais cultos, todos recorrem a elas, com menor ou maior grau de consciência.

Portanto, para falar bom inglês, como falam aqueles que aprenderam a língua desde pequeninos, não bastam um vocabulário amplo e conhecimentos da gramática e da pronúncia. Tornam-se indispensáveis conhecimentos das idiossincrasias da língua, dos coloquialismos e das expressões idiomáticas, locuções, phrasal verbs e provérbios de uso corrente.

Aurélio Buarque de Holanda Ferreira, o mais famoso dicionarista brasileiro, define "expressão idiomática" da seguinte forma: "sequência de palavras que funcionam como uma unidade; idiomatismo, idiotismo, frase feita, locução estereotipada, grupo fraseológico".

O professor Sílvio Edmundo Elia, da Academia Brasileira de Filologia, definiu o termo "idiotismo" de duas formas: "a) Maneira de dizer própria de uma língua, sem paralelo em outra do mesmo quadrante cultural. Em tal acepção, toma o nome da língua de que é característica: lusismo, brasileirismo, hebraísmo, galicismo, latinismo, etc. [...] b) Formas de dizer que, em confronto com as normas da língua culta, são anômalas, mas possuem tradição linguística e são aceitas sem relutância pelos sujeitos falantes da comunidade a que pertencem. Costuma-se dizer que são formas que resistem à análise lógica, embora corretas. Numerosas expressões da nossa fraseologia estão nesse caso: a olhos vistos, a bandeiras despregadas, ver passarinho verde, levar a breca, etc". O mesmo autor definiu o termo "expressão" da seguinte forma: "No domínio da gramática, expressão é o grupo de palavras unidas pela mesma função na frase".

Vejamos como alguns dos melhores lexicógrafos bilíngues brasileiros traduzem o termo idiom. Segundo Antônio Houaiss, da Academia Brasileira de Letras, **idiom** é: "idioma; língua; vernáculo; dialeto; linguagem; estilo; idiotismo; expressão idiomática". Para Oswaldo Serpa, da Universidade do Estado do Rio de Janeiro, do Instituto de Educação do Estado do Rio de Janeiro e da Academia Brasileira de Filologia, idiom é: "idioma; língua; expressão idiomática; linguagem; fala; dialeto; (gram) idiotismo". Finalmente, para o erudito Armando de Morais, Professor Metodólogo no antigo Liceu Normal de D. Manuel II e Assistente na Faculdade de Letras do Porto, em Portugal, **idiom** é: "idioma, língua, linguagem; maneira de dizer, idiotismo; dialecto". Para o professor português, **an English idiom** seria: "um idiotismo inglês; um anglicismo".

A seguir, vejamos o que dizem alguns dicionários da América do Norte acerca da palavra **idiom**. De acordo com o **Webster's Dictionary** (Landoll, Inc., Ashland, Ohio), **idiom** é uma "forma de expressão que não é prontamente entendida a partir do significado de suas palavras componentes; o dialeto de um povo ou região; um tipo de linguagem ou de vocabulário". Para o **Webster's English Dictionary** (Strathearn Books Limited, Toronto), **idiom** é "uma expressão ou frase aceita com um significado diferente do significado literal; a maneira usual pela qual as palavras duma língua são usadas para expressar o pensamento; o dialeto de um povo, região, etc." Segundo o **Webster's New Dictionary & Thesaurus** (Promotional Sales Books, Inc., USA), idiom é "o modo de expressão natural de uma língua; expressão peculiar da língua", **idiomatic** seria "característico de uma língua; marcado pelo uso de expressões, coloquial". Por fim, o **New Concise Webster's Dictionary** (Modern Publishing, New York), define o termo **idiom** e dá-nos um exemplo: "grupo de palavras que, usadas em conjunto, têm um significado especial. **I've got cold feet** é uma expressão idiomática. Ela não só significa que tenho frio nos pés, mas também pode significar que tenho medo".

Afirmaram Mario A. Pei, da **Columbia University**, e Frank Gaynor, um dos editores da **Britannica World Language Dictionary**: "**Idiom** é (1) qualquer expressão peculiar a uma língua, transmitindo um significado diferente, não necessariamente explicado pelas regras gramaticais geralmente aceitas ou, por vezes, contrário a elas; (2) um termo denotando a índole linguística geral ou gramatical de uma língua."

Quanto aos dicionários online, **The American Heritage Dictionary of the English Language, Fourth Edition**, traz diversas definições para **idiom**: "1. um tipo de fala ou uma expressão de uma dada língua que é intrinsecamente peculiar ou não pode ser entendida a partir dos significados individuais de seus elementos, como em **keep tabs on**. 2. O caráter estrutural, sintático ou gramatical específico de uma língua. 3. Falar regional ou dialeto. 4 a. Um vocabulário especializado usado por um grupo de pessoas; jargão: expressão jurídica. b. Um estilo ou forma de expressão peculiar a um dado povo." Por sua vez, o **Merriam-Webster Online Collegiate Dictionary** dá vários significados para o termo **idiom**: "1 a) a linguagem peculiar a um povo ou a um distrito, comunidade ou classe: um dialeto; b) forma estrutural, gramatical ou sintática peculiar a uma língua. 2) uma expressão em uso em uma língua que é intrinsecamente peculiar, seja gramaticalmente (como **no, it wasn't me**) ou por ter um significado que não pode ser derivado dos significados reunidos de seus elementos (como **Monday week**, em lugar de **the Monday a week after next Monday**). "Na Inglaterra, o **Cambridge International Dictionary of English**, também **online**, define o termo **idiom** da seguinte forma: "um grupo de palavras numa ordem fixa tendo um significado particular, diferente dos significados de cada palavra separadamente. **To have bitten off more than you can chew** é uma expressão idiomática que significa que você tem tentado fazer algo que é difícil demais para você". Por sua vez, "**to bite the bullet** é uma **idiomatic expression** que significa: aceitar algo desagradável sem reclamar".

Também algumas enciclopédias norte-americanas, em CD-ROM, definem **idiom** de forma semelhante aos dicionários. Segundo a **Compton's Interactive Encyclopedia**, é "expressão que ganhou significado especial pelo uso. Por exemplo, **catch cold**. É também a linguagem relativa a certo período histórico, região específica ou classe de pessoas". A **Infopedia** repete o **Merriam-Webster Online Collegiate Dictionary** (ou **vice-versa**). O **Random House Unabridged Dictionary** não acrescenta muito ao que já vimos.

Na Inglaterra, a **Encyclopaedia Britannica**, também **online**, concorda exatamente, em seu **Collegiate Dictionary**, com a **Infopedia** americana. Já em seu **Collegiate Thesaurus**, ela define o substantivo idiom da seguinte forma: "dialeto, falar, língua, vernáculo".

Como ensina Pamela McPartland, da **City University of New York**, nem todo grupo de palavras é uma expressão idiomática. A especialista em expressões idiomáticas, autora dos livros **Take It Easy; American Idioms** (1981) e **What's up? American Idioms** (1989), nos dá um exemplo: "**up the hill** é um grupo de palavras, mas não possui significado especial. Neste exemplo, **up** é o contrário de **down**".

No Brasil, Pedro Moreira, professor de português, afirma que expressões como "queimar a língua" e "ficar feito uma barata tonta" são inocentes expressões idiomáticas. "Chulas são as expressões indecorosas, ofensivas, inconvenientes, obscenas, que causam constrangimento e ferem o pudor das pessoas", afirmou. As expressões idiomáticas, continua ele, são "objeto de estudo dos melhores filólogos. Conferem, às vezes, humor e descontração ao texto não cerimonioso e nem de longe o tornam vulgar. Qualquer bom dicionário relaciona um incontável número de expressões idiomáticas. Elas fazem parte da nossa linguagem diária – oral ou escrita. Podem surgir nas conversas dos cultos e dos humildes, dos analfabetos e semialfabetizados em todos os ambientes. A título de exemplo, lembremos de relance alguns idiomatismos correntes na fala dos brasileiros ou em expressivos textos jornalísticos e literários: [...] queimar as pestanas (pensar muito; raciocinar profundamente); meter o bedelho (intrometer-se); tocar na ferida (trazer à lembrança recordações dolorosas); tirar o cavalo da chuva (desistir de uma intenção); rolar muita água (transcorrer muito tempo); [...] levantar a crista (ser pretensioso; ousado); [...] dar com os burros n´água (sair-se mal). Tais construções trazem consigo a graça da síntese e, não raras vezes, a nuança literária. Seu emprego não deslustra o estilo nem mancha a personalidade de quem delas fizer uso. Moral da história: queimar a língua ou ficar feito barata tonta pode até ser uma fatalidade. Crime não é, muito menos pecado linguístico".

Zélio dos Santos Jota, da Academia Brasileira de Filologia e da Academia Fluminense de Letras, escreveu: "Idiotismo s.m. Fato linguístico refratário à análise sintática e à lógica: **Eu é que sou**; **a peste desse menino**; **ter lá seus vinte anos** são construções que escapam das regras da análise sintática. Mas **meter o pé na tábua, levar a breca**, ingl. **it rains cats and dogs** são construções que apenas aberram do bom-senso, se analisadas ao pé da letra; sintaticamente, porém, são perfeitamente analisáveis. Diz-nos Bechara: '... o infinitivo flexionado é um idiomatismo não porque só existe no português... mas porque sua flexão contraria o conceito da norma infinita (i. é., não flexionada)'."

Em se tratando da língua inglesa, afirmou Pamela McPartland: "Apesar de as expressões idiomáticas parecerem, frequentemente, menos formais que seus equivalentes de uma só palavra, isto não significa que sejam gírias ou formas menos corretas do inglês. A maior parte das expressões idiomáticas é de formas padrões de expressão, usadas na literatura, nas revistas e em artigos de jornais, revistas científicas, discursos, rádio ou teledifusão e no falar diário". E ainda : "Muitas palavras usadas nas expressões idiomáticas vêm do **Old English** ou do **Middle English**, ancestrais do inglês que nós falamos hoje. Os equivalentes de uma só palavra frequentemente vêm do latim ou do grego. Por exemplo, **turn down**, do **Old English**, equivale a **reject**, palavra de origem latina. Devido ao fato de tantas palavras usadas nos idiomatismos serem inglesas em sua origem, e não latinas ou gregas, é que as expressões idiomáticas estão na própria raiz da língua inglesa".

Continuando com as palavras da professora McPartland: "algumas expressões idiomáticas são menos formais que outras (**go for, polish off e root for**, por exemplo, são menos formais que **come in contact with, focus on** e **put into power**) [...]

As pessoas, normalmente, pensam que as expressões idiomáticas estão limitadas ao inglês falado, mas elas são usadas na literatura e em artigos de jornais, propaganda, relatórios de negócios e publicações acadêmicas.

Assim, todos recorrem às expressões idiomáticas. Daí a dificuldade de se compreenderem músicas, revistas, vídeos, entrevistas, manuais em inglês...

Em relação às expressões idiomáticas, afirmaram Antônio Houaiss e Catherine B. Avery: "da perfeita compreensão (em vez da tradução literal) de expressões de uso corrente, depende a diferença entre a comunicação e o caos, na transposição de uma língua para outra". Na verdade, a maneira de ver a realidade, de cada cultura, se expressa através da linguagem e manifesta-se, de modo mais especial ainda, nas expressões idiomáticas e nas locuções. Escreveu o professor francês Frédéric Dumont: "investigar seus modos de dizer também permite interrogar o imaginário de um povo, de caracterizar sua percepção dos homens e das coisas".

Com efeito, Benjamin Lee Whorf publicou um artigo intitulado **The Relation of Habitual Thought and Behavior to Language** e três artigos, em 1941, na **Technology Review**. Nestes artigos, ele propôs o que chamou de princípio da "relatividade linguística", que estabelece, pelo menos como hipótese, que a gramática da língua de um homem influencia a maneira pela qual ele entende a realidade e se comporta de acordo com ela. Como esta teoria foi certamente influenciada por Edward Sapir, professor de Whorf em Yale, ela veio a ser conhecida como "Hipótese de Sapir e Whorf".

Em se tratando de tradução, é útil lembrar que o imaginário dos indivíduos de língua inglesa é bem diferente do nosso. Acrescenta Geir Campos, da Universidade Federal do Rio de Janeiro: "justamente porque os povos falam línguas diferentes, e têm visões de mundo diferentes, é que a tradução é às vezes tão difícil, relativamente, embora jamais absolutamente impossível". Além disso, Else Ribeiro Pires Viana, professora da Universidade Federal de Minas Gerais, e Agenor Soares dos Santos, da Associação Brasileira de Tradutores, apontaram diversas diferenças linguísticas entre o português e o inglês.

Uma vez examinadas, em linhas gerais, as expressões idiomáticas, acrescenta Sílvio Edmundo Elia: "Alguns autores distinguem entre locução e expressão: a primeira seria uma unidade na Morfologia e na Sintaxe; a segunda, apenas na Sintaxe. Assim *ao lado de, próximo a, às avessas, de mansinho* são locuções; mas no jardim, poder falar, de ouro, etc. são expressões." O mesmo autor define o termo "locução" da seguinte forma: "grupo de vocábulos que formam uma unidade lexicológica correspondente a determinada classe de palavras". Portanto, as locuções poderiam ser: *substantivas; adjetivas; pronominais; adverbiais; prepositivas; conjuntivas e interjectivas.*

Portanto, a locução é formada por duas ou mais palavras que representam uma só unidade semântica.

Afirma Aurélio Buarque de Holanda Ferreira que, nos Estudos da Linguagem, "locução" é: "Conjunto de duas ou mais palavras que funcionam como uma unidade".

A Nomenclatura Gramatical Brasileira (Portaria n. 36, de 28 de janeiro de 1959) menciona as seguintes locuções: *adjetiva; pronominal; verbal; adverbial; conjuntiva.*

Segundo o Dicionário Universal da Língua Portuguesa, digitado em Lisboa e disponível **online**, "idiotismo" é "locução ou modo de dizer privativo de um idioma e ordinariamente de carácter familiar ou vulgar e que se não traduz literalmente em outras línguas". Por sua vez, "locução" seria "maneira especial de falar; linguagem; frase; (Gram.) conjunto de palavras que equivale a uma só".

Assim, o significado de expressão idiomática poderia ser sintetizado da seguinte forma: uma sequência de palavras que funcionam como uma unidade expressiva, que não é prontamente entendida a partir do significado separado de suas palavras componentes, isto é, significado diferente do significado literal. É um modo de expressão peculiar de uma língua, modo geralmente coloquial de se expressar, que traduz o imaginário de um povo, sua cultura. Por exemplo: "temos muitos abacaxis para descascar".

OBJETIVO DESTE LIVRO

Qualquer língua seria muito mais pobre sem as suas locuções e expressões idiomáticas. Elas são indispensáveis para falar e escrever bem. Dão vivacidade a uma língua, transformando-a no instrumento dinâmico que ela tem de ser, para adaptar-se a cada instante e ser o veículo de uma consciência social. Os idiotismos e as locuções mais frequentes, inseridos aqui, frequentemente têm sentido difícil de adivinhar. Eles causam, por vezes, embaraços aos que não estão ainda familiarizados com a admirável língua de Shakespeare.

"Cada língua é um mundo de questões e questiúnculas gramaticais para mal dos filólogistas, não raro discutidores intolerantes.

Na floresta das dificuldades de cada língua avultam os idiotismos, como se a certos idiomas não bastassem verbos irregulares e seus tempos de verdadeiro alçapão a incautos que julgando acertar estão errando.

A língua inglesa figura com relevo universal entre idiomas em barda. Possui um estendal de idiotismos de embaraço aos próprios ingleses e norte-americanos, que, filhos respeitosos, ainda não pensaram em corrigir a velha mãe pátria dando-lhe nova língua e novo nome", escreveu Escragnolle Doria.

"São tão numerosos, e à vezes de tão difícil interpretação, os idiotismos da língua inglesa que, não raro, os próprios nacionais vacilam, e se veem embaraçados para apreender-lhes o verdadeiro significado. Nem é, de resto, por outro motivo, que na Inglaterra e nos Estados Unidos existem numerosas obras destinadas a explicá-las a ingleses e americanos", escreveu Oscar Bandeira.

O intelectual George Orwell demonstrou, em 1946, a decadência da língua inglesa, num primoroso ensaio intitulado **Politics and the English Language**. "À vista dos embaraços de ingleses e americanos quanto a idiotismos do seu idioma, desculpáveis são alienígenas se de pronto não acertam no emprego dos idiotismos de língua alheia na qual os idiotismos floresçam já na linguagem culta, já na gíria", ponderou Doria, com acerto.

Em 1990, escreveu a canadense Ruth Baldwin, da **Ontario Literacy Coalition**: "As expressões idiomáticas inglesas e a linguagem enviesada também excluem pessoas, como mulheres, pobres e indivíduos de outras culturas. Este tipo de linguagem transmite a ideia de que estes grupos não são suficientemente importantes para merecerem atenção. Isto sugere que o texto escrito não é para eles. As expressões idiomáticas do inglês, principalmete, podem causar confusão. Apesar de usarem palavras comuns, as expressões idiomáticas (como **give someone a hand** e **shake a leg**) sempre têm um significado mais complexo."

As expressões idiomáticas e as locuções, assim, embaraçam e fazem desanimar, sobretudo quem principia. Por outro lado, este dicionário procura ser simples, claro e prático. Como afirmaram Houaiss e Avery, "o objetivo primordial de um dicionário é fornecer palavras equivalentes – palavras que tornam rápida, fluente e correta a passagem de um idioma para o outro".

A maior parte dos dicionários de expressões idiomáticas e locuções está com edição esgotada. Muitos têm de ser encomendados nas editoras (o que é difícil em muitas partes do Brasil) e são muito caros. Alguns são por demais resumidos e incompletos. Alguns dicionários elementares são muito deficientes. Por fim, há alguns grandes dicionários, de aquisição dispendiosa. O "Dicionário Português-Inglês de Locuções e Expressões Idiomáticas" de M. A. Schimidt e H. F. Hainfelder se destaca pelo seu alto nível de qualidade e pela sua riqueza, mas sua diagramação nos parece bastante deficiente do ponto de vista didático e sua circulação não parece ampla. Assim, este volume procura ajudar a preencher uma lacuna, há muito sentida, no difícil campo das expressões idiomáticas.

Este livro foi elaborado com fins didáticos. Livro de fácil compreensão e de aplicação imediata e pronta. Livro com igual sentido prático e a mesma disposição gráfica que torna a sua consulta extremamente rápida e fácil, além de acessível. Por fim, livro para todas as capacidades intelectuais. Procurou-se, então, colocar nas mãos dos estudantes um instrumento de consulta e de trabalho, capaz de despertar o interesse de todos em prol de uma aprendizagem mais apurada. Não há enumeração compacta, exaustiva e embaraçosa, como em muitos dicionários. Deu-se ênfase especial ao português como é escrito e falado no Brasil, bem como às palavras e expressões e às locuções de uso mais frequente em inglês.

Este livro abrange, ainda, entidades lexicais de natureza heterogênea. Algumas expressões idiomáticas são, sem dúvida, termos de gíria, tais como **Get lost!** Por sua vez, a antiga gíria **O. K.** é abreviação jocosa de **oll korrect** (all correct), atribuída ao presidente americano Andrew Jackson. Significava, primitivamente, correto, aprovado, e equivalia à sanção do presidente a atos sujeitos à sua consideração. Portanto, uma vez assimilado o sentido de uma entidade lexical, é importante levar em consideração o contexto de utilização da mesma, para que a frase não se torne pedante, vulgar, artificial ou imprópria. Seria importante o leitor possuir, também, um bom entendimento do fenômeno da variação linguística.

CONSIDERAÇÕES SOBRE O FENÔMENO DA DIVERSIDADE LINGUÍSTICA

De acordo com Hildo Honório do Couto, da Universidade de Brasília, uma língua não é um bloco homogêneo e compacto, mas apresenta *diferenciações* (ou variações, como dizem os sociolinguistas) *regionais, históricas* (ou temporais) e *de classe*. "Cada uma dessas diferenciações apresenta especificidades que a individualizam frente às demais. Assim, todos sabemos que a linguagem de um operário é diferente da de um alguém que trabalhe em emprego burocrático e da de um texto filosófico, por exemplo". Todavia, apesar das diferenças linguísticas, uma só é a língua. Carlos Drummond de Andrade escreveu: "O português são dois; o outro, mistério".

Dando-se a palavra a Sílvio Edmundo Elia: "Por ser instrumento de uma comunidade, a língua se diversifica de acordo com a extensão ou as pertinências do meio a que se prende. Diferencia-se, portanto, de conformidade com o *espaço social* e o *espaço geográfico*. Quanto ao espaço social, pode ser culta, familiar ou popular.

Língua culta é a das classes mais polidas da sociedade, a da chancelaria, das universidades, da grande imprensa, dos parlamentos, do púlpito, da alta literatura. Reveste quase sempre a forma *escrita*, mas pode também ser *oral*.

Língua familiar é a própria das pessoas cultas nas suas relações diárias, na conversação despretensiosa, quer na intimidade do lar, quer no bulício das ruas.

Língua popular é a língua transmitida de pais a filhos na prática do dia a dia, entre as pessoas de pouca ou nenhuma instrução. Caracteriza-se pela simplificação das flexões, pela realização espontânea de certas tendências fonéticas (faze, adevogado, fatau...), por um vocabulário mesclado de termos afetivos.

Quanto ao espaço geográfico, diversifica-se a língua em *língua padrão, língua nacional, dialetos e falares*.

Língua padrão é a variante culta que serve de modelo em determinado território linguístico.

Língua nacional é a língua culta de uma região que, por motivos quase sempre políticos, se torna a língua padrão de um estado soberano. [...] O fenômeno da "colonização" nos tempos modernos, p. ex., explica o motivo por que o espanhol, o português ou o inglês se tornaram as línguas nacionais de praticamente todos os Estados livres do Novo Mundo.

Dialetos são falares locais que não lograram alçar-se à categoria de língua padrão, com a qual, entretanto, mantêm afinidades linguísticas tais, que os colocam dentro da mesma órbita idiomática. [...]

Falares são modificações que a língua padrão sofre nas diferentes regiões do território onde vigora, em virtude de deficiências de ordem cultural, misturas linguísticas, isolamento, etc. Distinguem-se dos dialetos porque estes se formaram paralelamente à língua padrão, diversificada em razão de causas sociais ou geográficas. É por isso que no Brasil não há, propriamente, dialetos e sim falares".

A famosa distinção entre língua (**langue**) e fala (**parole**), criada pelo linguista suíço Ferdinand de Saussure (1916), é também explicada pelo professor Elia: "A língua é o sistema, o código, a estrutura que se abstrai das múltiplas falas individuais, o acervo psíquico de formas gramaticais que se acham à disposição da massa falante; a fala é a execução individual da língua, a expressão verbal que se utiliza dos sinais orais coletivizados, a mensagem dentro do código, a atualização das virtualidades da língua. [...] A língua só adquire forma através da fala, pois a fala é a forma imposta pelo falante à matéria linguística".

Todas as teorias acima estão em harmonia com o excelente ensino de Maria da Graça Costa Val, Maria Nazaré Guimarães e Sônia Queiroz, da Universidade Federal de Minas Gerais. O que elas escrevem para a língua portuguesa é válido para a língua inglesa: "A língua, porque é viva, ou seja, é usada pelos falantes, que são indivíduos diversos, está sujeita ela própria a se diversificar. [...] observamos que há diferenças entre a língua falada no Nordeste e a língua falada no Leste, por exemplo. [...]

A diversidade linguística não se liga apenas à situação geográfica do falante; antes, está associada a uma série de outros fatores. Um deles é o tempo. A língua é um instrumento de comunicação de uso constante e, portanto, em constante evolução, em constante dinâmica. [...]

Outro fator da diversificação linguística é a estratificação social. Numa mesma área geográfica, encontramos na fala das pessoas diversidades que se podem associar à posição que ocupam na estrutura social. [...] as pessoas da alta burguesia costumam falar de um modo muito distinto da fala da classe operária. Os grupos profissionais costumam apresentar também uma série de peculiaridades em sua fala. [...]

Também a idade, o sexo podem estar relacionados a diferenças linguísticas. [...]

Enfim, enquanto indivíduos, os falantes também se distinguem pelo uso que fazem da língua. E não paramos aí: esse mesmo indivíduo emprega, ainda, variantes linguísticas diversas, conforme as circunstâncias. Assim, uma pessoa não usa, para se dirigir a um empregador, a mesma variante que utiliza para chamar a atenção do filho que acaba de rasgar um livro seu. [...] Ao escrever, fazemos uso de uma modalidade linguística em muita coisa diferente daquela que usamos em nossas comunicações orais".

Continuando com as palavras das professoras: "Entretanto, apesar de toda a diversidade nas realizações da língua, predominam nela os traços comuns. Isso porque, assim como há forças diversificadoras, há também, sem sentido contrário, forças padronizadoras. Como o primeiro objetivo da língua é a comunicação, os falantes não podem inovar indefinidamente. Uma pessoa tem que se expressar de modo suficientemente semelhante ao das pessoas que a cercam para que possam se compreender. Outra força importante no sentido da padronização é o desejo que tem o homem de se integrar socialmente, o que faz com que ele ajuste sua fala à da comunidade da qual quer fazer parte.

O prestígio é um dos fatores mais importantes nesse processo de uniformização. As pessoas tendem a imitar, nos costumes e também no modo de falar (ou de escrever), aqueles com quem gostariam de se parecer. Quando alguém é admirado por um grande número de pessoas, seu modo de vestir, de andar, de falar, pode tornar-se moda, isto é, transformar-se num padrão social. [...] O mesmo ocorre com a língua: quando uma variante é eleita pela comunidade linguística como a de maior prestígio social, passa a funcionar como modelo, exercendo sobre as outras uma ação padronizadora.

Essa variante de prestígio corresponde, geralmente, ao uso dos falantes cultos; é ela que está nos dicionários e gramáticas; é ela que é ensinada nas escolas. E, porque é assim tão prestigiada, a ela se associam expressões valorativas como 'língua boa', 'língua certa' ou 'falar (ou escrever) bem'. É preciso ter claro, quanto a essas associações, que elas não possuem nenhum fundamento linguístico, mas, antes, baseiam-se exclusivamente em fatores sociais, políticos ou econômicos, isto é, fatores externos à língua. Do ponto de vista interno, nenhuma variante é melhor ou pior do que outra. O que há são variantes de prestígio e variantes sem prestígio social.

O mais importante, nisso tudo, do ponto de vista de quem usa a língua, é saber adequá-la às exigências da situação. A língua escrita culta, utilizada nos textos técnicos e científicos, por exemplo, certamente não é a melhor para se falar sobre futebol com um amigo, por telefone. A recíproca é verdadeira".

Em se tratando da língua inglesa, há muitas variedades: na Índia, na África Ocidental, em diversas partes do mundo e até, por vezes, na Grã-Bretanha e na América do Norte. A variação também se reflete na linguagem escrita, havendo léxicos regionais distintos. Escreveu David Crystal, linguista da **Cambridge University**: "Esta variação traz dúvidas quanto à noção de 'inglês mundial'. Com tantas variedades, qual deveria ser utilizada internacionalmente? A americana, a britânica, a indiana, a australiana ou outra? Os professores, sobretudo, defrontam-se com objetivos conflitantes. Eles deveriam ensinar o inglês britânico, o americano ou ambos? Quem sabe, nenhum dos dois, enfocando a variedade de seu próprio país? Que efeito esta decisão vai ter na habilidade de seus alunos se comunicarem internacionalmente? Estes problemas são de origem recente e apenas começam a ser discutidos".

Ademais, é muito fácil compreender que, mesmo numa grande cidade, haja muitos modos de fala, seja no Brasil ou no exterior. William Labov, em uma importante obra intitulada **The Social Stratification of English in New York City,** publicada em 1966, em Washington, estabeleceu um verdadeiro modelo para o estudo dos estratos socioculturais e sua projeção linguística, o qual tem sido aplicado, com sucesso, a muitas línguas. Para Labov, o conceito de "comunidade linguística" é: "grupo de pessoas que compartilham um conjunto de normas comuns com respeito à linguagem, e não como um grupo de pessoas que falam do mesmo modo".

Assim, tal como o autor deste "Expressões Necessárias para Falar Inglês" procedeu com seu "Dicionário de Gírias da Língua Inglesa", ele teve especial cuidado na tradução das palavras que pertencem ao mesmo tipo e nível de linguagem. Por exemplo, a expressão **Shut up!** foi traduzida por "Bico calado!"

A QUESTÃO DOS PHRASAL VERBS

Mas não só um entendimento do fenômeno da variação linguística, explicado nas páginas anteriores, seria de utilidade ao leitor. Ele também deveria atentar para um tipo importante de verbo inglês, o chamado **phrasal verb**.

Como ensina Simon Greenall, "verbos com duas ou mais partes são frequentemente chamados de **phrasal verbs**", tais como: **to turn on, to put off, to fall off, to look at** e outros.

Segundo o professor português Énio Ramalho, a "expressão **phrasal verbs** não encontra designação equivalente em português. Representa uma forma verbal básica que se combina com uma ou mais preposições que lhe podem alterar o sentido. Tais alterações são, uma vezes, ligeiras, e outras, profundas. É o caso, por exemplo, de **give up** (desistir), **turn up** (surgir), **call on** (visitar), entre outros".

Os **phrasal verbs**, ensina Simon Greenall, "não podem ser entendidos só pelo conhecimento de suas partes. Algumas vezes o sentido é óbvio porque o significado do verbo e sua partícula pode ser facilmente imaginado. Em outras palavras, o sentido é literal":

> **I looked up at the beautiful, blue sky.**
> (Eu olhei para o lindo céu azul.)
> Alguns **phrasal verbs** tomados no sentido intransitivo:
> **The boys were sitting down.**
> (Os rapazes estavam sentados.)
> **The plane took off in a few minutes.**
> (O avião decolou em poucos minutos.)
> **He got up very early that morning.**
> (Ele se levantou muito cedo naquela manhã.)
> **My car has broken down.**
> (Meu carro enguiçou.)

Em algumas expressões mais complexas a forma verbal básica é seguida por mais de uma preposição:

> **She broke in on our conversation.**
> (Ela interrompeu a nossa conversa.)
> **You must cut down on your expenses.**
> (Você tem de reduzir as suas despesas.)
> **Stay away from him.**
> (Afaste-se dele.)
> **I get along with my parents.**
> (Eu me dou bem com meus pais.)

I get along with them.
(Eu me dou bem com eles.)

Os **phrasal verbs** são muito usados, sobretudo no inglês falado. Mas é sempre possível substituí-los por outro verbo ou **phrasal verb**:

You'll have to put on your coat because the weather is cold.
(Você vai ter de vestir o seu casaco porque o tempo está frio.)
You'll have to wear your coat because the weather is cold.
(Você vai ter de vestir o seu casaco porque o tempo está frio.)

Como ensina Simon Greenall, falantes nativos, em geral, usam **phrasal verbs**. Frases alternativas são aceitáveis, mas em geral soam menos fluentes.

A QUESTÃO DAS POSIÇÕES DOS OBJETOS QUE COMPLEMENTAM ALGUNS *PHRASAL VERBS*

Como foi visto anteriormente, alguns **phrasal verbs** são tomados no sentido intransitivo. Todavia, alguns **phrasal verb**s são usados em expressões transitivas:

She picked up some flowers in the garden.
(Ela colheu algumas flores no jardim.)
She turned on the light.
(Ela acendeu a luz.)
He ran across the road.
(Ele correu pela estrada.)
You'll have to put on your coat.
(Você vai ter de vestir o seu casaco.)
I drove into the wall.
(Eu dirigi em direção à parede.)
I drove into it.
(Eu dirigi em direção a ela.)

O leitor também deveria atentar para o fato de que, relativamente à posição do objeto, os **phrasal verbs** podem ser separáveis, inseparáveis ou ambos. Nos separáveis, o objeto é colocado entre as duas partes da expressão. Nos inseparáveis, o objeto é colocado após a expressão. Por exemplo:

Bring the *children* up.
(**phrasal verb:** verbo + partícula adverbial; separável)
Bring up the *children*.
(**phrasal verb**: verbo + partícula adverbial; inseparável)
Bring *them* up.
(**phrasal verb**: verbo + partícula adverbial; separável, pois o objeto é um pronome)
to sign up for a *course*
(**three-word verb**: verbo + partícula + preposição; inseparável)
to get in touch with *her*
(combinação complexa: verbo+preposição+substantivo+preposição; inseparável)
to make an impression on *them*
(combinação complexa: verbo+artigo+substantivo+preposição; inseparável)

Alguns verbos separáveis:

to blow up = explodir; inflar
to bring about = causar
to bring on = induzir
to bring off = realizar com sucesso
to bring up = criar; educar (*filhos*)
to call off = cancelar
to call up = telefonar
to carry on = manter; continuar
to carry out = obedecer
to cut off = amputar
to cut out = eliminar
to do over = refazer
to figure out = presumir; solucionar com o uso de figuras; chegar a uma explicação; chegar a uma solução
to fill in = preencher um formulário; preencher um questionário
to fill out = preencher um formulário; preencher um questionário
to fill up = encher completamente
to find out = descobrir
to give back = devolver
to give off = emitir raios; emitir fumaça
to give up = render-se; abandonar; deixar de
to hand in = entregar
to hand out = distribuir
to leave out = omitir
to let down = desapontar
to look over = examinar
to look up = buscar informação
to make up = inventar estória; maquiar-se
to mix up = associar-se; confundir
to pick out = selecionar
to pick up = levantar com as mãos
to point out = indicar
to put away = guardar para uso posterior
to throw away = jogar fora
to try on = experimentar roupa

to try out = testar
to turn down = recusar uma oferta
to turn off = apagar; desligar
to turn on = acender; ligar
to wear out = usar (*roupas, calçados*, etc.) até o fim

Alguns verbos inseparáveis:

to call for = requerer; exigir
to call on = visitar
to care for = cuidar de; importar-se com
to come across = achar por acaso
to count on = contar com; confiar em
to get after = criticar
to get around = evitar; escapar de
to get away = fugir; escapar
to get back = voltar; retornar
to get in = entrar num lugar; entrar num carro
to get off = descer de um veículo
to get on = entrar num veículo
to get over = recuperar-se de uma doença
to get out = partir; ir embora
to get through = terminar
to get up = levantar-se
to go over = revisar; rever
to hear from = receber notícias de
to hit on = descobrir por acaso
to look after = cuidar de
to look for = procurar
to look into = investigar
to look out = tomar cuidado
to look over = examinar
to run across = encontrar por acaso
to run off = imprimir; copiar
to run over = atropelar
to run out = chegar ao fim; expirar
to show off = exibir-se; aparecer
to take over = assumir o controle de algo; assumir a responsabilidade de algo; assumir a posse de algo

Alguns **phrasal verb**s como **to call up** (telefonar), **to take off** (tirar, despir-se), **to put on** (por, vestir), **to turn on** (ligar, acender), **to turn off** (desligar, apagar) etc., podem ser separáveis ou inseparáveis, sem mudança de significado.

Ao substituirmos o nome por um pronome, o verbo torna-se obrigatoriamente separável:

Please turn the radio off.
(Por favor, desligue o rádio.)
Please turn off the radio.
(Por favor, desligue o rádio.)
Please turn *it* off.
(Por favor, desligue-o.)
(**it** substitui **radio**)

You'll have to put on your coat.
(Você vai ter de vestir o seu casaco.)
You'll have to put your coat on.
(Você vai ter de vestir o seu casaco.)
You'll have to put it on.
(Você vai ter de vestí-lo.)
(**it** substitui **coat**)

Quando necessário, este dicionário traz indicação dos objetos, usando-se os pronomes *someone* ou *something* para indicar se o verbo pede um objeto, qual a posição do objeto na frase, se o objeto pode ser humano, material ou qualquer um e se há diferentes significados se o objeto for humano, material ou qualquer que seja. Esta informação é essencial para aprendizes de inglês. Por exemplo, há uma grande diferença entre **to put** *someone* **on hold** e **to put** *something* **on hold** e entre **to see** *something* **through** e **to see through** *something*. Estas diferenças nunca seriam evidentes se as entradas tivessem sido t**o put on hold** e **to see through**, sem qualquer indicação do objeto, o que acontece com a grande parte dos dicionários unilíngues da América do Norte.

A QUESTÃO DA PRONÚNCIA

A pronúncia é um dos aspectos mais difíceis na língua inglesa, cujos vocábulos têm as origens mais diversas. Em grande parte devido ao espírito conservador britânico, a grande maioria desses vocábulos de origem estrangeira conserva grafia e pronúncia muito semelhante às que tinham nas suas línguas de origem. Por esse motivo, a língua inglesa não é fonética, como a alemã e a espanhola. Ela é a menos fonética de todas as línguas alfabéticas.

Apesar de tudo isso, e exatamente por isso, a pronúncia tem importância primordial no estudo da língua inglesa. Ela representa a imagem mental da palavra – a única que pode ser retida na memória. Na língua inglesa, a pronúncia tem que ser aprendida palavra por palavra, sendo muito difícil corrigir a pronúncia quando aprendida errada e consolidada pelo uso constante. A pronúncia inglesa deve ser aprendida certa desde o início, para que o estudante possa progredir na aprendizagem da língua.

Apesar da ajuda que pode prestar o Alfabeto Fonético Internacional (Paul Passy, Daniel Jones), com seus símbolos quase universalmente adotados para a expressão dos sons nas várias línguas, não foi dada atenção à pronúncia. A razão para isso é que, na grande maioria dos casos, não é possível aprendê-la nos dicionários. Por mais que se faça, nunca se conseguirá ensiná-la bem, representando-a aos olhos.

Heitor Martins, que foi professor universitário de literatura brasileira em Bloomington, nos Estados Unidos, afirmou: "Um princípio que é necessário ter sempre presente: A LÍNGUA É FALADA. Como diz Bloomfield: 'A escrita não é língua, mas apenas uma maneira de gravar a língua através de marcas visíveis'."

Os sinais que se inventam para substituir as vozes e sons não são familiares. Portanto, não empregamos sinais especiais, pouco claros para as pessoas não iniciadas na ciência fonética, ou seja, os leigos em tal assunto. A pronúncia da língua inglesa é muito caprichosa e só a prática e o auxílio de um bom professor poderão ensinar a pronunciar bem. Fitas cassete, fitas de vídeo, cds., dvds e CD-ROMS ajudariam muito mais do que estéreis sinais fonéticos. A boa pronúncia de uma língua só se adquire no trato com as pessoas que, desde os primeiros anos, a cultivaram esmeradamente, e a quem, por isso, se tornou habitual. Os estrangeiros poderão aprendê-la, falando a língua, com quem pretendem familiarizar-se, com as pessoas que a falam desde que nasceram e que a falam bem. Houaiss e Avery também concordaram, em 1968, que a representação visual dos sons tem deficiências, mesmo em se tratando do sistema da Associação Fonética Internacional. Além disso, a língua inglesa é reputada a mais difícil de todas na leitura dos seus vocábulos.

A QUESTÃO DA ENTOAÇÃO

"A criança inicia seu treinamento prosódico com o choro; intensifica esse treinamento no balbucio e, a produzir enunciados de uma palavra, já diferencia as diversas modalidades enunciativas", escreveu José Benedito Donadon Leal, da Universidade Federal de Ouro Preto. Assim, é interessante o fato de que crianças de quatro a sete anos demonstram ter domínio praticamente completo da entoação, embora apresentem um léxico e uma sintaxe limitados.

Adultos também devem aprender a entoação. Na pronúncia inglesa, a entoação é um dos fatores mais importantes. Com efeito, ainda que os sons fonéticos sejam respeitados rigorosamente, se o mesmo não acontecer com a entoação, notar-se-á sempre um sotaque estrangeiro.

Além disso, o leitor precisa observar que as entidades lexicais deste livro são heterogêneas na entoação, a qual o professor Elia define como a "linha melódica que acompanha as variações de altura com que são enunciadas as diferentes sílabas dos vocábulos que compõem determinada frase". Em geral, advérbios são pronunciados num tom mais alto (**to BRING UP, to CATCH ON**), mas as preposições, num tom mais baixo (**to SIGN UP for, to DROP OUT of**), a não ser que a preposição tenha mais de uma sílaba. Por exemplo, em to turn into, a primeira sílaba da preposição into é pronunciada num tom mais alto (**to TURN INto**).

As duas partes de um **phrasal verb** são usualmente pronunciadas num tom mais alto, ao passo que o pronome não é. Eis alguns exemplos:

TURN it UP.
I'll LOOK INTO it.
Please STAND UP.
He PUT it ON.

I'll LET it OUT.
Please CARRY ON.
Don't TEAR it UP.
Won't you SIT DOWN?

Eis alguns exemplos adicionais:

Were you in a HURRY?

I fell DOWN and hurt my KNEE.

He works from NINE in the morning to five in the afterNOOn.

I'm going to work at HOME next year.

Yes, of COUrse I can.

I'd RAther YOu put it awAY.

I CERtainly couldn't get up so bright and early in the MORNing.

SOMEday he'll KILL himself or end up in the HOSpital.

He came HOME at NOon.

Not ALL of the children are THIRSTY.

They walked last NIght.

She closed the DOOR an HOUR ago.

Peter can play tennis as WELL as PAul.

He still has some DIFFiculty but he is LEARNing all the TIme.

When is he going to wake Up?
Do they always walk in the MORNing?
They worked at HOme.
Did you watch TELEVISION LAST NIGHT?
I beG YOUR PARDON?
It's a WASTE OF TIme to do that.
I HOpe sO.
How do I GET to your house?
We came by BUs.
How much IS it?
Yes, let's GO.
They were at SCHOol.
Can she get breakfast in a HURRY?

Heitor Martins escreveu a respeito de uma outra questão que deve ser enfrentada: "Normalmente, usa-se numa sala de aulas uma entonação e uma velocidade inteiramente artificiais. O resultado é criarem-se hábitos falsos no aprendiz, hábitos que tornarão impossível o reconhecimento da mesma língua nas situações naturais da sua apresentação. Poder-se-á assim formar um excelente tradutor mas nunca uma pessoa capaz de comunicar-se oralmente nesta língua. [...] Uma aula só será efetivamente organizada se ela tiver como alvo final fazer com que o aluno FALE. E com isso queremos dizer que a prática da língua ainda é o único meio capaz de levar a seu domínio".

A QUESTÃO DA REGÊNCIA

Regência é a relação de dependência entre duas palavras da mesma frase.

A palavra de que outra depende chama-se regente; a palavra dependente tem o nome de *regida*. A relação de regência é sempre uma relação de subordinação.

A regência formal se faz por meio de uma palavra de cunho subordinativo: a preposição. "Preposição é uma palavra invariável que serve para ligar duas palavras e mostra a relação que uma tem com a outra", escreveu o gramático europeu Jacob Bensabat. Ao ligar os dois termos, a preposição estabelece entre ambos relações de lugar, posição, modo, movimento, etc.

A maior parte das preposições inglesas são derivadas do Saxão. As preposições de uso mais frequente são: **about, above, across, after, against, along, amid, amidst, among, amongst, around, at, before, behind, below, beneath, beside, besides, between, beyond, but, by concerning, down, during, except, excepting, for, from, in, inside, into, like, near, notwithstanding, of, off, on, onto, outside, over, past, regarding, round, saving, since, through, throughout, till, until, to, toward, towards, under, underneath, unto, up, upon, with, within, without.**

As preposições opostas são:

to	a	from
in	a	out
up	a	down
above	a	below
over	a	under
before (antes)	a	after
before (adiante)	a	behind
within	a	without

Há, no inglês, reuniões de palavras equivalendo a preposições, que podem ser chamadas de locuções ou frases prepositivas. Exemplos:

instead of	enquanto a
em vez de	**as to**
according to	enquanto a
segundo	**on account of**
as for	por causa de

O gramático americano Leonard J. Rosen, do **Bentley College**, em Massachusetts, nos dá exemplos de **multiword prepositions**, ou seja, preposições com mais de uma palavra: **according to**; **because of**; **contrary to**; **except for**; **in addition to**; **in spite of**; **on account of**; **with regard to**.

Apesar de haver menos de cem preposições na língua inglesa, o uso das preposições no inglês é bem complexo. A razão disso é que muitas preposições têm mais de um sentido, podem também ser usadas como advérbios e são usadas em centenas de expressões idiomáticas.

Eis alguns exemplos de expressões idiomáticas com preposições:

not at all	**out of date**
bit by bit	**to a certain extent**
in any case	**under the circumstances**
to get into trouble	**with regard to**
on the other hand	**to go without saying**

Em alguns casos, os **phrasal verbs** correspondem, em português, aos verbos de regência preposicional. Por exemplo:

to ask for, perguntar por
to deal with, lidar com
to run across, correr por
to look at, olhar para
to refer to, referir-se a
to walk over, caminhar sobre

Pamela J. Sharpe, da **Northern Arizona University (YUMA)**, cita muitos exemplos de **prepositional idioms**, inclusive os seguintes: **accede to**, **ashamed of**, **depend on**, **related to**, **similar to** e **from time to time**.

Muitos adjetivos, verbos e substantivos normalmente pedem preposições e, conforme mencionado anteriormente, há centenas de **phrasal verbs**, formados por combinações de verbos com advérbios e preposições.

Além disso, há diferenças no uso das preposições, na América do Norte e no Reino Unido. Aqui está um exemplo:

There is a fence about the garden. (Inglês britânico)
There is a fence around the garden. (Inglês americano)

Muitas vezes, diferentes preposições podem ser usadas, sem causar uma diferença de significado. Os exemplos a seguir têm o mesmo significado:

I was angry at them.
(Eu estava com raiva deles.)
I was angry with them.
(Eu estava com raiva deles.)

Todavia, em muitos casos, o uso de diferentes preposições causa uma mudança de significado. Um exemplo:

The city is protected from the soldiers.
(A cidade é protegida dos soldados.)
The city is protected by the soldiers.
(A cidade é protegida pelos soldados.)

A maior parte dos verbos na voz passiva pode ser seguida por uma expressão que começa com a preposição **by**.

Uma preposição pode se situar no final de uma frase, quando se tratar de uma pergunta:

I am looking at *this picture*.
What **are you looking** *at*?
I work *for PGH*.
Who **do you work** *for*?

Todavia, uma preposição não deve ser separada de seu objeto por palavras demais, senão a frase se torna desajeitada:

ERRADO: *Which hotel* **are we supposed to meet** *at*?
CERTO: *At which hotel* **are we supposed to meet**?

Quando a palavra **to** precede um verbo (por exemplo, **to be destined to** e **to fall down**), **to** é considerada parte da forma infinitiva do verbo e não uma preposição. A palavra **to** deverá ser removida quando o verbo for conjugado. Exemplo:

I fell down and hurt my knee.
(Caí e machuquei meu joelho.)

Muitos verbos ingleses têm sentido modificado pelas preposições que os seguem.

Diversos verbos ingleses regem preposições diferentes daquelas que são regidas pelos verbos portugueses. Além disso, há alguns verbos em português que requerem uma preposição sem que os verbos correspondentes em inglês a exijam. Exemplos:

abusar de, **to abuse**
aproximar-se de, **to approach**
mudar de, **to change**
duvidar de, **to doubt**
gozar de, **to enjoy**
necessitar de, **to need**

passar por, **to pass**
entrar em, **to enter**
esquecer-se de, **to forget**
gostar de, **to like**
lembrar-se de, **to remember**
precisar de, **to want**

A relação das preposições regidas pelos verbos, substantivos e adjetivos ingleses deste livro não poderia jamais ser completa. Todavia, ao que parece, não há livro, brasileiro ou português, que se dedique tanto à regência de verbos, substantivos e adjetivos da língua inglesa como este.

A QUESTÃO DO GERÚNDIO APÓS PREPOSIÇÃO OU CERTAS EXPRESSÕES

O objeto de uma preposição pode ser um substantivo, um pronome, um advérbio, um infinitivo, uma frase ou um gerúndio (forma em –**ing**). O gerúndio é a forma substantivada de um verbo, que pode ser usada após uma preposição.

O gerúndio é complemento depois de numerosos verbos, adjetivos e substantivos ligados a preposição. Este é um emprego comum e muito importante do gerúndio. Exemplos:

Nancy is good at *writing* letters.
Thank you for *sending* me that parcel.
I am tired of *lying* here.
He talked about *buying* some new curtains.
I look forward to *meeting* your friend.
I am ashamed of *looking* so tired.
You don't object to *working* hard.
The corn is ready for *reaping*.
You are quite used to *getting up*.
The light is good enough for *reading*.
He is proud of *being* a good farmer.
I am thinking of *sending* him a letter.
He is prevented from *going*.
He was fined for *driving* on the wrong side of the street.
Excuse me for *being* late.
She insists on *going* with us.
She is in the habit of *rising* early.
Stop preventing me from *doing* my housework.

O gerúndio é complemento depois dos seguintes verbos, ligados a preposição:

admit to	feel like
agree with	get on with
aim at	insist on
apologise for	object to
approve of	pay for
believe in	put up with
benefit from	rely on
care for	resort to
confess to	succeed in
count on	think of
depend on	vote for

Alguns verbos são seguidos de infinitivo. Por outro lado, um infinitivo ou um gerúndio podem ser usados com certas palavras:

He is afraid to go.
(Ele tem medo de ir./ Ele está com medo de ir.)
He is afraid of *going*.
(Ele tem medo de ir./ Ele está com medo de ir.)
She is accustomed to go.
(Ela está acostumada a ir.)
She is accustomed to *going*.
(Ela está acostumada a ir.)

O gerúndio é complemento depois de alguns substantivos ligados a preposição:

hope of	thought of
difficulty in	way of
idea of	method of

O gerúndio também é complemento depois de alguns adjetivos ligados a preposição:

bad at	fed up with
good at	fond of
good for	guilty of
bored with	tired of
capable of	keen on
excited about	nervous of

Usa-se, ainda, o gerúndio depois de certas expressões, como **can't stand** (não pode suportar, não posso suportar, etc.), **can't help** (não pode evitar), **it's no good** (não vale a pena) e **it's no use** (não vale a pena). Alguns exemplos:

I can't stand *listening* to him.
(Não suporto ouvi-lo.)
It's no use *pretending*.
(Não vale a pena fingir.)
It's no use *talking* to him.
(Não adianta falar com ele.)
Outros exemplos do uso do gerúndio:
What's the use of *staying* in bed?
(Que adianta ficar na cama?)
Would you mind *putting* your hand on it?
(Você se importa de pegá-lo?)
Do you mind *changing* places with me?
(Não se incomoda de trocar de lugar comigo?)

Exemplificar tudo a respeito das expressões idiomáticas, das locuções, dos provérbios e dos **phrasal verbs** é muito difícil; o que se pode fazer é recomendar: **The Oxford Dictionary and Thesaurus**; **Random House Unabridged Dictionary**; The American Heritage Dictionary; The New Concise Webster's Dictionary. Os diversos livros do americano Richard A. Spears também podem ser úteis.

A QUESTÃO DOS PROVÉRBIOS

Provérbios foram definidos por Aurélio Buarque de Holanda Ferreira como "máxima ou sentença de caráter prático e popular, comum a todo um grupo social, expressa em forma sucinta e geralmente rica em imagens; adágio, ditado".

Provérbios e ditos populares são comuns em todas as línguas, expressando, com imagens ricas e precisas, alusões ou lições de moral.

Alguns provérbios da língua inglesa são muito antigos, como **A penny saved is a penny earned**, registrado já em 1640, mas que tem aparecido, regularmente, nas literaturas inglesa e norte-americana, de Franklin a Dickens, ou de P. G. Wodehouse a Alison Lurie.

Para os provérbios mais comuns se procurou as formas idênticas ou o correspondente mais aproximado, em português.

A QUESTÃO DAS COMPARAÇÕES POPULARES OU SÍMILES

Segundo Aurélio Buarque de Holanda Ferreira, símile é "comparação de coisas semelhantes". Eis alguns exemplos:

as clear as crystal = claro como água
as white as snow = branco como a neve; alvo como a neve
to work like a dog = trabalhar como um cachorro
to work like a horse = trabalhar como um cavalo

Portanto, a comparação popular, ou símile, é uma expressão que descreve uma pessoa ou coisa como sendo semelhante a alguém ou a alguma coisa.

A QUESTÃO DA TRADUÇÃO

A tradução é assunto extremamente controvertido.

As "distâncias culturais entre os países provocam problemas enormes com relação à traduções", afirmou Adalberto de Oliveira Souza, da Universidade Estadual de Maringá.

As possibilidades linguísticas que cada língua oferece são diferentes e é difícil achar correspondências. Na medida em que uma cultura se afasta da outra, a dificuldade de se passar uma mensagem de uma língua para outra aumenta.

CARACTERÍSTICAS ASSUMIDAS NO PRESENTE LIVRO

As expressões e as locuções deste livro foram colhidas da linguagem falada e respingadas em vídeos, **web pages**, jornais, livros, revistas e outras publicações da atualidade. Mas a colheita de idiotismos e locuções foi realizada também na linguagem corrente da atualidade e na prática da conversação, reunindo experiências e conhecimentos adquiridos pelo autor no manejo das duas línguas.

Um dicionário de expressões idiomáticas e locuções não é obra pioneira. O autor recorreu, por conseguinte, aos mais importantes trabalhos congêneres de que tinha conhecimento, quer nacionais quer estrangeiros. Assim, ele se valeu de alguns dos melhores trabalhos até agora vindos a lume, procurando dar às expressões idiomáticas e às locuções perfeita explicação de seu significado verdadeiro. Além do rico acervo **online**, foram consultadas importantes obras unilíngues na área, tais como o **Basic Phrasal Verbs; Idiomatic American**

English Verbal Phrases, do erudito lexicógrafo americano Richard A. Spears, e **What´s up**? American Idioms, da professora americana Pamela McPartland.

Uma certa unidade é conferida às diferentes entidades lexicais deste pequeno livro, por algumas características. Como mencionado, as expressões idiomáticas e locuções constituem dificuldades para aprendizes do inglês. Em todos os casos, trata-se de associações vocabulares.

Foi concedido um lugar importante às expressões da linguagem familiar, aos neologismos e aos brasileirismos. Toda ênfase recaiu sobre o português atualmente falado no dia a dia, no Brasil.

O vocabulário, pacientemente escolhido, é bem rico. A maioria das expressões e locuções tem caráter familiar e mesmo popular e muitas delas faltam noutros dicionários, sendo o repertório bem extenso aqui. É claro que frases iniciadas com **I, you** ou outros pronomes são, em geral, aplicáveis aos demais, o que multiplica o valor de cada expressão.

Este livro gira, primordialmente, em torno das expressões idiomáticas e das locuções inglesas. Nem sempre houve correspondência entre os idiotismos ou locuções das duas línguas.

Quanto às entidades lexicais, foram postas por ordem alfabética. Naquelas que comportam acepções diferentes, é cada uma indicada com clareza, de modo que se faça prontamente e sem hesitação a escolha do termo mais conveniente à ideia a ser expressa.

O principal empenho foi de organizar um volume que desse satisfação àqueles que procuram ter à mão um livro capaz de lhes tirar as dificuldades mais correntes na aprendizagem da língua inglesa. Esta obra foi concebida principalmente para suprir as dificuldades dos estudantes, possibilitando-lhes ao mesmo tempo resolver dúvidas e ampliar o vocabulário.

O autor procurou, então, oferecer um instrumento eficiente e atualizado. Expressões idiomáticas ou locuções arcaicas ou raras foram evitadas, em inglês e em português.

Afirmou o gramático Celso Ferreira da Cunha, da Universidade Federal do Rio de Janeiro e da Academia Brasileira de Filologia, que os escritores devem sempre preferir "palavras e construções vivas [...] a outras mortas e frias, armazenadas nos dicionários e nos compêndios gramaticais. Utilização particular de algumas das múltiplas possibilidades da língua, escolha de formas afetivas mais ajustadas ao gosto e ao pensamento de cada um, ao meio em que vive e ao ideal artístico desse meio, formas por vezes em flagrante contraste com o ensino das gramáticas, mas legítimas, obedientes a normas que correspondem não ao que se deve dizer dos puristas, porém ao que tradicionalmente se diz num domínio da comunidade idiomática – normas que podem conviver harmonicamente [...] com outras normas, peculiares a distintos ambientes sociais, culturais ou regionais".

Expressões idiomáticas e locuções arcaicas ou raras são numerosíssimas, nos dicionários até hoje publicados, para confusão dos pobres alunos e do público em geral. Portanto, eliminaram-se numerosos idiotismos e locuções desusados. Além disso, não houve preocupação de colher palavras de todo o vasto espaço onde se fala a língua portuguesa. O autor evitou, assim, sobrecarregar de maneira pouco útil o dicionário. Por outro lado, foi intenção do autor salientar o valor de certas expressões idiomáticas e locuções, correntemente empregadas com frequência. Portanto, ele procurou selecionar neste livro o que de mais importante encontrou para perfeita compreensão do inglês corrente, grafando as expressões inglesas em negrito. Produto de pacientes pesquisas e demoradas leituras, o livro não registra todas as acepções que apresentam, na linguagem corrente, os modismos e locuções catalogadas. Isto seria tarefa para obra de muito maior vulto. Por fim, nem a origem nem a datação das expressões e locuções estiveram na mira do autor: a obra não tem caráter etimológico. Em todo o tempo, a principal intenção foi de lançar à luz da publicidade um livrinho que, em nosso país quase constantemente em crise, não viesse a exceder as possibilidades econômicas dos que a ele hajam de recorrer, como elemento de consulta.

A propósito, são válidas aqui as palavras de H. Michaelis, no prefácio de seu **Neues Wörterbuch der portugiesischen und deutschen Sprache**, escrito em Berlim, em 1887: "Posto que os meus recursos fossem muito valiosos, confesso, contudo, que poderia ter alargado ainda muito mais a área de exploração, aumentando também o volume da obra, mas forçoso foi atender às observações sensatas e práticas do editor, que julgou útil e vantajoso para todos estabelecer um formato determinado, restringir as dimensões do trabalho, e marcar-lhe um módico preço". Por sua vez, também úteis são as palavras do dicionarista português António Álvaro Dória, de Braga, registradas no prefácio de seu "Dicionário Português-Inglês", editado em 1955 no Porto: "Entendemos que um dicionário escolar deve ser, antes de mais, obra de utilidade imediata; jamais obra erudita. Não pensando compor um livro para eruditos, tivemos em vista pô-lo ao alcance daqueles que dele mais precisam: os estudantes e os correspondentes. Os eruditos, esses dispensam um livro como o nosso; têm à sua disposição os grandes dicionários da língua original, em que ocupa inegavelmente o primeiro lugar o monumental **Oxford Dictionary**. [...] No que diz respeito à língua inglesa, termos, modismos e expressões há que não poderiam compreender-se num volume da natureza do que apresentamos agora ao público; a fazê-lo, teríamos que dar-lhe proporções incomportáveis pelo preço e pelo incómodo do manuseamento".

Este pequeno livro procura satisfazer as necessidades e socorrer escritores, intérpretes, homens de negócios, leitores da literatura inglesa no original, professores de inglês, apreciadores de curiosidades verbais em geral e todos os que desejam exprimir-se eficientemente nos dois idiomas. Foram incluídas algumas expressões idiomáticas do inglês comercial. Portanto, o autor oferece este instrumento de trabalho acessível, fácil e de conteúdo prático às pessoas de todas as classes e de todas as profissões que reconhecem a utilidade da língua inglesa ou a admiram, bem como àquelas que a ela se dedicam por mero lazer. Todavia, o autor o oferece principalmente à mocidade estudiosa com os votos de que lhe seja proveitoso.

O ENSINO E A IMPORTÂNCIA DO INGLÊS

Em se tratando do ensino de inglês, uma das grandes teorias nesta área é **The Lexical approach**, dos famosos autores Dave Willis e Michael Lewis. Ela se baseia na suposição de que a linguagem consiste não de gramática tradicional e vocabulário, mas frequentemente, de entidades lexicais, fixas ou não, tais como expressões idiomáticas e locuções. Lewis propõe que fluência é o resultado da aquisição de uma grande quantidade destas entidades lexicais, que estão disponíveis como um fundamento para qualquer criação linguística. Embora esta escola possa ter suas vantagens e ter lugar de relevo, ela não tem estado isenta de críticas.

O conhecimento de um idioma estrangeiro permite a cada um comunicar-se com outros povos e com outros pensamentos. Esta é uma abertura para o mundo em que vivemos, além de um fator de aproximação e cooperação internacionais. Dando-se, mais uma vez, a palavra a António Álvaro Dória: "As facilidades que a língua inglesa tem, são superadas pelas naturais dificuldades, não já da sua prosódia, tão arbitrária e caprichosa, como da própria sintaxe, por vezes com o seu quê de abstrusa para tantos principiantes. Se lhe falta a clareza geométrica do Francês, sobram-lhe outros predicados que dela fazem uma das mais originais e, em certa medida, das mais belas dentro do quadro geral das línguas germânicas. Para se lhe penetrarem os segredos, faz-se mister estudá-la com amor e com tenacidade; sobretudo com tenacidade, qualidade pessoal que já vai faltando assustadoramente nos nossos jovens. Ousamos esperar que o nosso Dicionário possa contribuir para os levar ao estudo ainda mais profundo duma língua, inegavelmente a primeira do mundo como veículo da mútua compreensão entre os povos, e sem o conhecimento da qual nenhum homem pode considerar-se verdadeiramente culto, tendo sido escritos em inglês alguns dos livros mais belos de que se orgulha o gênio do homem, tendo sido nessa língua que se escreveu o teatro mais humano depois do que os Gregos da antiguidade nos legaram, tendo sido ingleses alguns dos filósofos que melhor procuraram explicar o Universo e o Homem, língua que abre aos que se lhe dedicam horizontes vastíssimos de belezas ignoradas, do ponto de vista formal, ou do espiritual".

Escreveu Solange Ribeiro de Oliveira, da Universidade Federal de Ouro Preto: "Ao adquirir uma segunda língua, [o estudioso de línguas estrangeiras] adquire também um outro mundo, uma outra maneira de construir a realidade, conservando, ao mesmo tempo, o substrato de sua própria cultura. Daí pode resultar um ponto de vista privilegiado. O falante bilíngue, conhecendo duas ou mais culturas, capacita-se para compará-las. O que lhe parecia talvez fruto da ordem natural das coisas, verifica, não raro, ser convenção de sua cultura, já que aparece de forma diferente na estrangeira, ou vice-versa. O tradutor [...] sente a cada momento que a realidade social é construção do homem. Pode, portanto, ser modificada pelo mesmo homem, quando a experiência o aconselhar.

Outra vantagem franqueada ao falante de mais de uma língua é a maior facilidade de verificar que os homens, dentro de sua diversidade, são mais parecidos que diferentes. Dentro dessa visão, reconhecem-se com mais clareza os preconceitos dos diferentes povos, incluindo-se aqui o nosso. [...] podemos, como intérpretes de outra cultura, enxergar mais claramente os valores da nossa. Desse ponto de vista, sempre crítico, podemos usufruir [...] do privilégio da renovação contínua".

"A vertiginosa evolução tecnológica, que acarreta uma verdadeira 'explosão de informações', exige, entre nós, para acompanhá-la, um contínuo esforço de traduzir, em especial do inglês, que hoje desempenha a função do latim na Idade Média e até o Século XVII: veículo universal de comunicação", escreveu Heitor Lisboa de Araújo, no prefácio de um livro de Benjamin B. Frankel.

Quanto a isso, cabe uma observação sobre a língua inglesa, extraída do **The New York Times 2001 Almanac**. "Apesar de haver menos falantes nativos de inglês que de chinês, a língua inglesa é, de longe, a mais comumente encontrada fora da China. Alguns estimam que um terço da população do mundo saiba falar inglês, o que significa que quatro bilhões de pessoas não sabem. Do reino insular no noroeste da Europa, a língua se espalhou através de todo o Império Britânico, chegando à América, África, Índia e Oceania. Hoje, cinquenta e oito países e a ONU adotam a língua inglesa como oficial, e estes países somam mais de 460 milhões de falantes. As concentrações maiores de falantes de inglês estão nos Estados Unidos (258 milhões), no Reino Unido (57 milhões), Filipinas (37 milhões), Índia (31 milhões), Canadá (18 milhões), Austrália (17 milhões) e Nigéria (16 milhões)". Afirmou Aluísio Pimenta, da Academia Mineira de Letras, em 2002: "Na atualidade, [o inglês] [...] é considerado o idioma utilizado por cerca de dois bilhões de pessoas, milhões de empresas, universidades, instituições técnicas, profissionais e cientistas". Vemos, então, que David Crystal tinha plena razão ao afirmar, em 1987: "Na opinião de muitos, não há mais dúvida de que o inglês se tornou uma língua mundial, graças ao progresso político e econômico das nações de língua inglesa, nos últimos duzentos anos. Isto, provavelmente, vai continuar assim, sendo a posição consolidada gradualmente". Fica ressaltada, assim, a importância de um dicionário atualizado de expressões inglesas, uma vez que, como afirmou Carlos Drummond de Andrade, "o inglês é hoje a língua que todos precisam conhecer".

Em suma, a língua inglesa é a mais importante do mundo inteiro, nos dias de hoje. Ela é cada vez mais valorizada pelo acervo crescente de conhecimentos que continua sempre colecionando, devido à imensa divulgação em livros, revistas e jornais, além das comunicações eletrônicas que são a maravilha deste novo século.

RECONHECIMENTOS E ESPERANÇA

No que diz respeito à consulta extraescolar, o livro foi feito na esperança de que muitas das expectativas e necessidades dos tradutores que trabalham com as duas línguas sejam satisfeitas, pois as dificuldades idiomáticas, bem como as expressões e locuções perigosas e escorregadias, representam testes difíceis para os tradutores iniciantes. Por exemplo, **The Universe in a Nutshell**, livro do famoso físico britânico Stephen Hawking, de Cambridge, foi recentemente traduzido, no Brasil, por "O Universo numa Casca de Noz". O curioso é que livro se tornou um **best-seller!**

Portanto, a língua inglesa "apresenta verdadeiras armadilhas aos tradutores menos alertados, devidas a idiomatismos de expressão e a significações diferentes de palavras semelhantes. Em consequência, muitas das traduções de livros técnicos ou didáticos resultam ininteligíveis, quando não errôneas", ponderou Heitor Lisboa de Araújo.

Ademais, qualquer um tem o direito de traduzir o que quer que seja. Escreveu Paulo Rónai, ex-secretário-geral da Associação Brasileira de Tradutores, em 1975: "Num mundo que se torna cada vez menor em consequência do aperfeiçoamento dos meios de locomoção entre as nações, a tradução assume importância cada vez maior. Na vida dos povos, como na vida dos indivíduos, multiplicam-se as oportunidades de comunicação. Cada um de nós, qualquer que seja o seu ramo de atividade, pode ver-se na contingência de verter para o vernáculo um texto estrangeiro. No caso específico do Brasil, em geral, quando este texto não for inglês, será francês".

Como as estrelas do céu, as expressões idiomáticas e as locuções são milhares - se é que podem ser contadas! Pamela McPartland ousou afirmar que, em inglês, as expressões idiomáticas são mais de dez mil! Além disso, lembrou Olívio da Costa Carvalho, professor efetivo do Liceu de Alexandre Herculano, em Portugal, que "em matéria lexicográfica há sempre novidades a registrar, visto que a linguagem se encontra constantemente em evolução, e novas formas de expressão se criam dia a dia". Afirmaram as lexicógrafas Marina Baird Ferreira e Margarida dos Anjos, no prefácio do dicionário de Aurélio Buarque de Holanda Ferreira: "A expansão da informação, nos dias atuais, é constante, e, consequentemente, o surgimento de novas tecnologias; a língua se modifica por exigência das várias áreas científicas, literárias, etc., e ainda pela boca do povo".

Lutando com grandes dificuldades, ao confrontar duas línguas de índole tão diversa, como sem dúvida são as línguas inglesa e portuguesa, o autor foi assaz cuidadoso para que a obra saísse da melhor forma possível, muito embora nas coisas humanas nunca se possa atingir a perfeição. Como mencionado, não fez o autor obra impecável ou exaustiva – o que seria impossível, sobretudo em trabalhos dessa natureza-, apesar de haver a certeza de ter levado a cabo trabalho novo e que pode prestar os maiores serviços ao principiante, pela sua forma acentuadamente prática. Observações e críticas justas que possam melhorá-lo são bem vindas e podem ser encaminhadas ao correio eletrônico do autor, com o nome e a instituição do leitor. Estas sugestões e emendas para ratificações futuras serão recebidas com agradecimentos.

O autor gostaria de agradecer às seguintes pessoas: Nelson Alves de Souza Júnior, pelos equipamentos de informática; Marinalva Cacique, estudante em Nova Jersey, pelo empréstimo de dois livros importantes; José Wenceslau de Carvalho, Maria Amélia Alves Vitorino e Richard Hickox, professores, pelos comentários da leitura. O autor também agradece aos estudantes que se aperfeiçoam no manejo da maravilhosa língua inglesa, e aos professores cujo trabalho eficiente expande o conhecimento da mesma, em todo o país.

O autor dar-se-á por bem recompensado de seus esforços, se o futuro provar que contribuiu em parte, nos mais variados campos da atividade humana, para tornar amenos e fáceis o uso e o estudo duma língua, hoje reconhecida como indispensável nas transações comerciais, militares e diplomáticas e de poderoso auxílio em todos os ramos das artes, das técnicas e das ciências, inclusive na informática.

EXPRESSÕES NECESSÁRIAS PARA FALAR INGLÊS

A

a bad guess
um palpite errado
a big deal
grande quantidade
A bird in the hand is worth two in the bush.
Mais vale um pássaro na mão do que dois voando.
Não convém trocar o certo pelo duvidoso.
Não se deixa o certo pelo duvidoso.
Não se deve trocar o certo pelo duvidoso. (Provérbio)
a bright idea
uma ideia brilhante
a chance of a lifetime
uma vez na vida; uma oportunidade única
a couple of days
alguns dias atrás
a far away place
no fim do mundo; em lugar longínquo

a few examples are given
alguns exemplos são dados
a few minutes ago
há uns minutos
a great deal
muito; uma grande quantidade
a helping hand
um auxílio
a large order
uma tarefa difícil
a little bit
um pouquinho; um bocado; um bocadinho
A little is better than none.
É melhor pouco do que nada.
Um pouco é melhor que nada.
Antes pouco do que nada. (Prov.)
a little while ago
há pouco; não há muito
a long way from
longe de
a long way from here
longe daqui

A

a lot of
uma grande quantidade de
a lot of money goes to
muito dinheiro é gasto em
a month from now
daqui a um mês
a pack of thieves
uma quadrilha de ladrões; uma corja de ladrões
a pair of glasses
óculos
a pair of shoes
um par de sapatos
A penny saved is a penny earned.
Vintém poupado é vintém ganhado.
De grão em grão a galinha enche o papo.
Tudo o que cai na rede é peixe. (Prov.)
a restless night
uma noite agitada
a retired civil servant
um funcionário público aposentado
a self-made man
um homem feito por si próprio
a smart guy
um tipo esperto; um sabichão
a while ago
agora há pouco
a year from now
daqui a um ano
about the same time
aproximadamente na mesma época
above all
acima de tudo; primeiro que tudo; antes de mais nada; principalmente; em primeiro lugar; sobretudo
above mentioned
supracitado
Absolutely not!
Nada disso!
De forma alguma!
De maneira nenhuma!
absolutely nothing
coisíssima alguma; coisa alguma
academic year
ano escolar
accomodation and board
casa e comida; cama e mesa
to accomplish one's task
concluir sua missão
according to schedule
como programado
to acknowledge receipt
ter a honra de acusar a recepção de
across the country
em todo o país
across the street
no outro lado da rua
Actions speak louder than words.
Um gesto vale mais que mil palavras. (Prov.)
to add up
acrescentar; somar; juntar; achar a soma de
Admission free.
Entrada franca.
to advise someone against someone or something
aconselhar alguém quanto à escolha de alguém ou quanto a algo.

A

after a bit
após um momento
after a while
pouco depois
after all
afinal; afinal de contas; em resumo; finalmente; no fim de contas; em suma; contudo; não obstante
after hours
após as horas de trabalho; após o expediente
After you.
Tenha a bondade de passar. Você primeiro.
again and again
repetidamente; frequentemente; muitas vezes; várias vezes
to agree on (*someone*)
concordar com a escolha de (*alguém*)
to agree on (*something*)
concordar com a escolha de (*algo*)
to agree to (*something*)
consentir com (*algo*); aprovar (*algo*); permitir que (*algo*) seja feito
to agree upon someone
concordar com a escolha de alguém
to agree upon something
concordar com a escolha de algo
to agree with someone (*about someone*)
ter a mesma opinião que alguém (*a respeito de alguma pessoa*); pensar como alguém (*a respeito de alguma pessoa*)

to agree with someone (*about something*)
ter a mesma opinião que alguém (a respeito de alguma coisa); pensar como alguém (a respeito de alguma coisa)
to agree with someone (*on someone*)
ter a mesma opinião que alguém (*a respeito de alguma pessoa*); pensar como alguém (*a respeito de alguma pessoa*)
to agree with someone (*on something*)
ter a mesma opinião que alguém (*a respeito de alguma coisa*); pensar como alguém (*a respeito de alguma coisa*)
ahead of
à frente de
ahead of time
adiantado; antes da hora
All aboard!
Queiram embarcar! Embarquem todos! (expressão usada, nos EUA, não só em navios, mas em trens, ônibus, etc.)
all about
por toda parte; tudo
all alike
todos iguais
all at once
de repente; subitamente; tudo de uma vez; de súbito; de supetão
all day
o dia todo
all day long
durante todo o dia; o dia todo

A

all ears
todo ouvidos
all in all
tudo; em tudo e por tudo; inteiramente; completamente; consideradas todas as coisas; da maior importância; queridíssimo; objeto de profunda afeição
all in good time
oportunidade
all incoming mail
toda correspondência recebida
all night long
a noite toda
all of a sudden
de repente; inesperadamente
all of it
tudo isso
all of them
todos eles
all of us
todos nós
all other
todos os demais
all over
terminado; completo; concluído; acabado; passado; por todos os lados; por toda parte; completamente
all over Europe
por toda a Europa
all over the earth
por toda a terra
all right
perfeitamente; sem dúvida; de acordo
All right.
Tudo certo.
Perfeitamente.
Muito bem.
Correto.
Está bem.
(indica, frequentemente, assentimento ou aprovação)
all screwed up
confusão total
all the best
tudo de bom
all the dos and the don'ts
todos os prós e os contras
all the same
do mesmo modo; da mesma maneira
all the time
o tempo todo; constantemente; continuamente
all the year round
o ano todo
all the way
até o fim; inteiramente; completamente
all year long
durante todo o ano
All you have to do is...
O que você precisa fazer é...
almost all
a quase totalidade
almost incredible
quase inacreditável
along the river
ao longo do rio
along the shore
ao longo do litoral
along with
junto com; em companhia de
an arm and a leg
um preço exorbitante
an off day
um dia de folga

A

An ounce of prevention is worth a pound of cure.
Prevenir é melhor do que remediar. (Prov.)
and all that
e tudo mais; e coisas semelhantes
and so forth
e assim por diante
and so on
e assim por diante; e outros mais; etc.
and the best part
e o que é melhor
to answer back
retrucar; redarguir; replicar
any day
mais dia, menos dia; qualquer dia
any time you like
à hora que você quiser
Anything, but that!
Tudo menos isso!
Essa não!
Anything else?
Algo mais?
apart from
exceto; além de
to appear before (*someone*)
aparecer repentinamente à frente de (*alguém*)
Appearances are deceptive.
As aparências enganam.
Nem tudo o que reluz é ouro.
Nem tudo que reluz é ouro.
Quem vê cara não vê coração. (Prov.)
apple of discord
pomo de discórdia
apple of one's eyes
menina dos olhos de alguém

Are you all right?
Você está bem?
to argue against (*someone*)
opor-se à escolha de (*alguém*); depor contra (*alguém*)
to argue against (*something*)
opor-se à escolha de (*algo*); depor contra (*algo*)
around the corner
ali na esquina; dobrando a esquina
around the same time
aproximadamente na mesma época
around the world
ao redor do mundo
to arrive at (*something*)
chegar a (*uma conclusão*); decidir
art for art's sake
arte pela arte
as a last resort
como último recurso
as a matter of fact
na realidade; na verdade; de fato; o fato é que; verdadeiramente; realmente; aliás; a verdade é que
as a rule
normalmente; geralmente; em geral
as a security measure
por motivo de segurança
as a token of
como prova de (amizade, reconhecimento, gratidão, etc.)
as a whole
em conjunto
as brave as a lion
valente como um leão (comparação popular)

A

as clear as crystal
claro como água
(comparação popular)
as cool as ice
frio como gelo
(comparação popular)
as early as possible
o mais cedo
as far as
até; tanto quanto
as far as I am concerned/as far as I'm concerned
no que me toca; no que me concerne
as far as I can remember
que eu me lembre; pelo que eu me lembro
as far as I can see
pelo que me parece
as far as I know
segundo me consta; ao que eu saiba
as far as possible
tanto quanto possível
as fast as possible
o mais depressa possível; com a maior rapidez possível; com a máxima rapidez
as for
quanto a; pelo que diz respeito a
as for me
quanto a mim
as free as a bird
livre como um passarinho
(comparação popular)
as good as
tão bom como
as I see it
a meu ver

as if
como que; como se
as in this particular case
como nesse caso particular
as it were
por assim dizer
as little as possible
o mínimo possível
as long as
desde que; enquanto; uma vez que; até que; visto que; contanto que
as long as I live
enquanto eu viver
as long as possible
o maior tempo possível
as long as you like
quanto tempo quiser
as long as you wish
o tempo que quiser
as many as
tantos quantos; tantos como
as many as possible
o maior número possível
as many more
outros tantos
as much as possible
o mais que posso; o mais que for possível
as much as you like
o quanto você quiser
as much as you please
o quanto você quiser
as much as you want
o quanto você quiser
as never before
como nunca
as of this week
nesta semana

A

as pure as crystal
claro como água
(comparação popular)
as shown by
como se vê pelo
as soon as
logo que; assim que
as soon as possible
o mais depressa possível; o mais cedo possível; o quanto antes; o mais breve possível; com a maior brevidade possível; com a máxima brevidade
as sweet as sugar
doce como mel
(comparação popular)
as the years passed
com o correr dos anos; com o decorrer dos anos; com o passar dos anos
as time passed
com o correr do tempo; com o decorrer do tempo; com o passar do tempo
as though
como se
as to
quanto a; pelo que diz respeito a
as usual
como sempre
as we forgive them who trespass against us
como perdoamos os nossos devedores
as well
igualmente; também; do mesmo modo
as well as
tão bem como

as white as snow
branco como a neve; alvo como a neve
(comparação popular)
as yet
até agora; até aqui; até este momento; por enquanto
as you know
como vocês sabem
as you like
como queira; como você quiser; como quiser
as you please
como queira; como você quiser; como quiser
as you wish
como queira; como você quiser; como quiser
to ask for a loan
pedir um empréstimo
at a better price
por um preço mais em conta
at a certain point
a certa altura
at a cost price
a preço de custo; a preço de fábrica
at a discount
com desconto
at a discount price
a preço com desconto
at a distance
ao longe; à distância
at a glance
num relance; de relance
at a go
dum golpe
at a good price
a bom preço; por um bom preço

A

at a high price
por um preço alto
at a low price
a baixo preço; por um preço baixo
at a lower price
por um preço menor
at a time
de cada vez; ao mesmo tempo; de uma vez; numa ocasião
at a very good price
por um ótimo preço
at a very low price
a preço baixíssimo; a um preço muito baixo
at a wholesale price
por preço de atacado
at all
nenhum; absolutamente; de modo algum; de todo; inteiramente; de forma alguma (expressão usada após negativa)
at all costs
a todo custo; a qualquer preço; custe o que custar; a qualquer custo
at all events
em todo caso; em qualquer caso; não obstante; de qualquer modo
at all times
constantemente; sempre
at any cost
a todo custo; a qualquer preço; custe o que custar
at any event
de qualquer forma
at any expense
a qualquer custo
at any moment
a qualquer momento; de uma hora para outra; a qualquer instante
at any price
custe o que custar
at any time
a qualquer hora; em qualquer ocasião; a qualquer momento
at bedtime
à hora de dormir
at best
na melhor das hipóteses; no máximo; quando muito; no melhor dos casos
at breakfast
no café da manhã
at breakfast time
à hora do café da manhã
at cheap prices
a preços baratos
at closing time
na hora de fechar
at college
na faculdade
at competitive prices
a preços competitivos
at dinner
no jantar
at dinnertime
à hora do jantar
at discount
com desconto
at earliest convenience
com a possível brevidade; o mais cedo possível
at ease
à vontade; tranquilo; sossegado
at enormous costs
a enormes custos
at every moment
a cada instante; a cada momento

A

at every opportunity
a cada oportunidade
at first
a princípio; de início; no começo; no princípio; no início; inicialmente
at first glance
à primeira vista; ao primeiro exame
at first hand
de primeira mão; novinho em folha
at first look
à primeira vista
at first sight
à primeira vista
at great cost
a muito custo
at great increased prices
a preços muito maiores
at great sacrifice
à custa de muito sacrifício
at hand
à mão; fácil; perto; próximo; iminente
at high prices
a preços altos
at home
em casa; no lar; à vontade
at large
em liberdade; em detalhe
at last
por último; afinal; finalmente; por fim; até que enfim
at least
ao menos; no mínimo; pelo menos
at least once a year
pelo menos uma vez por ano
at long term
a longo prazo

at low cost
a baixo custo
at low price
a baixo preço
at lower prices
por preços mais baixos; por preços mais baratos
at lunchtime
à hora do almoço
at market prices
a preços de mercado
at midday
ao meio-dia
at midnight
à meia-noite
at most
no máximo; quando muito; na melhor das hipóteses
at night
à noite; de noite; no período da noite; no período noturno
at no additional cost
sem nenhum custo adicional
at no time
nunca; em tempo algum
at noon
ao meio-dia
at once
imediatamente; duma vez; logo; ao mesmo tempo; na mesma ocasião; juntamente; de pronto; de imediato
at one
em harmonia; de acordo
at one point
a certa altura
at one's service
às ordens; à disposição
at one time
em tempos passados; de uma só vez

A

at present
por ora; neste momento; agora; presentemente; por enquanto
at prohibitive prices
a preços proibitivos
at random
ao acaso; de maneira não intencional; aleatoriamente; a torto e a direito
at reasonable prices
a preços razoáveis
at reduced prices
a preços reduzidos
at retail prices
a preços de varejo
at rest
em repouso
at room temperature (*wine, spring water, etc*)
à temperatura ambiente; sem gelo (*vinho, água mineral, etc.*)
at sight
à vista; sem prévio estudo
at short notice
a curto prazo; à queima-roupa; rapidamente
at stake
em perigo; em situação difícil
at suppertime
na hora do jantar
at table
à mesa
at that price
por esse preço
at that time
naquela época
at the age of...
com a idade de...
at the appointed time
à hora marcada

at the back of
atrás de
at the beginning of
no começo de; no início de
at the bottom of
no fundo de
at the bottom of one's heart
no fundo do coração
at the close of the day
no fim do dia
at the close of the year
no fim do ano
at the door
à porta; junto à porta
at the edge of
na beira de
at the edge of the sidewalk
à beira da calçada
at the end of
no fim de; no final de
at the end of the day
no fim do dia
at the end of each day
no fim de cada dia
at the entrance of the factory
à entrada da fábrica
at the expense of
à custa de; às custas de
at the expense of others
à custa dos outros
at the far end
lá no fim; no extremo oposto
at the foot of
ao pé de
at the front of
na frente de; na parte da frente de
at the last minute
a última hora

A

at the moment
neste momento; atualmente; no momento
at the moment of death
na hora da morte
at the most
quando muito
at the other end of
na outra extremidade de
at the present time
no momento atual
at the price of
pelo preço de
at the request of
a pedido de
at the right time
na ocasião oportuna
at the same price
pelo mesmo preço
at the same time
ao mesmo tempo; na mesma hora
at the seashore
à beira-mar
at the side of
ao lado de
at the start
na hora combinada; na largada
at the top of
em cima de
at the very beginning
bem no comecinho; no comecinho
at the very best
quando muito; na melhor das hipóteses
at the very first
no princípio
at the very least
no mínimo
at the weekend (UK)
no final de semana
at the wrong time
na ocasião imprópria
at this moment
neste instante
at this point
a esta altura
at this price
a esse preço
at this time of the day
a esta hora do dia
at this time of the night
a esta hora da noite
at this time of the year
nesta época do ano
at times
às vezes; algumas vezes; de vez em quando
At what time?
A que horas?
at wholesale
por atacado; no atacado
at wholesale prices
a preços de atacado
at work
no local de trabalho
at worst
na pior das hipóteses
at your convenience
quando lhe convier; como queira
at your earliest convenience
assim que o senhor puder
to avoid at all costs
evitar a todo custo

B

baby talk
balbucio
(sons ininteligíveis que as crianças emitem, quando querem aprender a falar)
back and forth
daqui para ali; de lá para cá
back home
em nosso país; em nosso meio; em meu país
bad luck
azar
to bad mouth someone
caluniar alguém; difamar alguém
to bargain for
esperar; estar preparado para
to bark up the wrong tree
estar em pista errada; errar o alvo; dar uma mancada; escolher a pessoa errada; escolher a forma errada; perguntar para a pessoa errada; procurar informação no lugar errado; enganar-se; bater em porta errada; empregar mal os seus esforços; fazer uma falsa suposição
to be a fan of
ser fã de
to be a good cheer
ter ânimo
to be a good sport
ter senso de humor
(informal)

to be a jack of all trades/ to be a jack-of-all-trades
ser pau-para-toda-obra; servir para tudo; ser homem de muitos negócios
to be a long way off
ser muito longe daqui
to be a low-paid job
ser um emprego mal remunerado
to be a must
ser indispensável
to be a pain in the neck
ser intragável; ser chato
to be a spring chicken
ser um calouro; ser um novato (gíria)
to be able to
ser capaz de; poder; ter meios de
to be about to
estar para; estar a ponto de; estar prestes a; estar próximo
to be above suspicion
estar acima de qualquer suspeita
to be abroad
estar no estrangeiro
to be advanced in years
ser de idade avançada
to be afraid of
ter medo de; estar amedrontado com; recear; estar com medo de; temer; ter receio de
to be after
procurar; perseguir

B

to be all ears
ser todo ouvidos; estar atento; prestar toda a atenção
to be all eyes
estar atento; estar alerta; estar vigilante
to be all Greek
ser incompreensível; ser grego
to be all over
estar tudo terminado; estar tudo acabado
to be all right
ir bem; estar bem; estar em ordem
to be allowed
ter permissão de
to be amazed
surpreender-se
to be an ass
ser um tolo; ser um estúpido
to be an only son
ser filho único
to be angry about (*something*)
estar zangado com (*alguma coisa*); estar zangado por causa de (*alguma coisa*)
to be angry with (*somebody*)
estar zangado com (*alguém*); ter raiva de (*alguém*)
to be arrested by
ser preso por (*alguém*)
to be as follows
ser como segue
to be at command of
estar às ordens de; estar à disposição de
to be at hand
estar à mão; estar perto
to be at home
estar à vontade; não fazer cerimônia; estar em casa
to be at one's best
estar no seu melhor dia; estar com a melhor disposição
to be at peace
estar em paz
to be at table
estar à mesa (durante as refeições)
to be at the age of
estar na idade de
to be at the bottom
estar no fundo
to be at the door
estar a ponto de; estar na iminência de
to be at the end of the year
estar no fim do ano
to be at the market place
estar na feira
to be at the meeting
estar na reunião
to be at the same time
ser ao mesmo tempo
to be at work
estar no trabalho
to be away
estar ausente
to be away from home
estar fora de casa
to be away on business
estar fora a negócios
to be back
estar de volta; regressar; voltar (para cá)
to be behind
estar atrasado; estar ainda por vir; estar ainda por aparecer

B

to be behind in something
estar atrasado num dado trabalho
to be better and better
estar cada vez melhor; ir cada vez melhor; ser cada vez melhor
to be bitter cold
fazer um frio de rachar
to be booming
estar prosperando; estar melhorando (negócios)
to be born
nascer
to be bound for somewhere
dirigir-se para
to be broke
estar duro; estar liso; estar na pindaíba; estar quebrado; estar sem dinheiro (gíria)
to be broken-hearted
ter o coração partido; ter o coração quebrantado
to be called
chamar-se
to be careful
ter cuidado; ser cuidadoso
to be charged with murder
ser acusado de assassinato
to be cold
estar com frio
to be contrary to
ser contrário a; ser contra
to be controlled by
ser controlado por
to be crazy about
estar apaixonado por
to be cut out for
ter jeito para (trabalho)

to be cut out to be
ter jeito para ser; ter aptidão para (profissional)
to be deep in debt
estar atolado em dívidas; estar afundado em dívidas; estar cheio de dívidas
to be destined to
ser destinado para
to be devoted
considerar muito importante
to be divided up into
estar dividido em
to be engaged
estar ocupado (telefone)
estar comprometido; estar noivo
to be extremely careful
ser extremamente cuidadoso; ter extremo cuidado
to be face to face
estar frente a frente; estar cara a cara
to be faced with
enfrentar
to be familiar with
estar familiarizado com; conhecer bem
to be far from
estar longe de
to be fast asleep
dormir profundamente
to be fed up with (*someone*)
estar farto de (*alguém*); estar sem paciência com (*alguém*); estar cansado de (*alguém*); estar aborrecido com (*alguém*); estar amolado com (*alguém*); estar "cheio" de (*alguém*)

B

to be fed up with (*something*)
estar farto de (*algo*); estar sem paciência com (*algo*); estar cansado de (*algo*); estar "cheio" de (*algo*)
to be fired
ser despedido
to be fond of
gostar muito de; apreciar
to be for
estar disposto a; decidir-se a; preferir; ir; encaminhar-se; dirigir-se para
to be for ever
ser eternamente
to be for nothing
ser de graça; ser gratuito
to be for sale
estar à venda
to be from bad to worse
ir de mal a pior (negócios, etc.)
to be fun
ser divertido
to be given the sack
ser despedido; ser demitido
to be gone
ir-se
to be good at
ter muito talento em; ser perito em
to be good for nothing
ser sem utilidade; não prestar para coisa nenhuma; não valer coisa nenhuma; não prestar para nada; não valer nada
to be good looking
ter boa aparência
to be Greek
ser incompreensível; ser grego

to be hard on
ser severo com
to be hard upon
ser severo com
to be hotsy totsy
ser ótimo; ser perfeito; estar bem (gíria)
to be hungry
sentir fome; ter fome; estar com fome
to be identical with
ser igual a
to be in
estar no escritório; estar disponível; estar em casa; estar presente
to be in a bad mood
estar de mau humor
to be in a bad shape
estar em mau estado
to be in a bad temper
estar mal humorado
to be in a bad way
estar muito doente; estar passando mal
to be in a fix
achar-se em maus lençóis; estar em apuros (gíria)
to be in a great hurry
estar com muita pressa
to be in a hot spot
estar em apuros; estar em maus lençóis; estar num mato sem cachorro
to be in a hurry
estar com pressa; ter pressa
to be in a mess
estar em apuros
to be in a perfect harmony
estar em perfeita harmonia

B

to be in a poor condition
estar em mau estado
to be in a position to
estar em condições de
to be in accordance with
harmonizar-se com; estar de acordo com; estar de conformidade com (regra, etc.)
to be in agreement with
estar de acordo com
to be in bed
estar de cama
to be in brief
ser em resumo
to be in charge of
ocupar um cargo; estar encarregado de; ser encarregado de; ser responsável por; ter a seu cargo
to be in command of
estar com o comando de
to be in countenance
estar calmo
to be in danger of
estar em perigo de
to be in favor of (*US*)/ to be in favour of (*UK, Can*.)
ser favorável a; ser a favor de
to be in fear of
estar com medo de; ter receio de
to be in front of
estar na frente de; estar diante de
to be in good shape financially
estar em boa situação financeira
to be in jail/ to be in gaol
estar na prisão; estar detido
to be in labor (*US*)/ to be in labour (*UK, Can*.)
sentir as dores de parto

to be in love with
estar apaixonado por
to be in need of
ter precisão de
to be in office
estar no poder; estar no exercício das funções
to be in pain
sofrer
to be in perfect harmony
estar em perfeita harmonia
to be in search of
estar à procura de
to be in the army
estar no exército; servir ao exército
to be in the navy
estar na Marinha; servir à Marinha
to be in the office
estar no escritório
to be in the red
estar em débito; estar no vermelho
to be in the right way
ir procedendo com acerto
to be in the same boat
estar em situação idêntica; estar nas mesmas condições; perseguir o mesmo fim
to be in the way
estorvar
to be in the wrong way
tomar o caminho errado
to be indoors
estar em casa
to be lacking
estar em falta; faltar (artigo em loja)

B

to be laid off
ser demitido; ser despedido; estar despedido
to be left behind
ficar atrás
to be like
parecer-se com
to be long
demorar; demorar-se; tardar; ser vagaroso
to be missing
faltar
to be moved with compassion
ser levado pela compaixão
to be next to nothing
ser quase nada
to be no easy matter
não ser fácil
to be no go
ser inútil
to be no good
não servir; não prestar para nada; não valer coisa nenhuma; não prestar
to be no more
estar morto; não mais existir; morrer
to be no spring chicken
não ser calouro; ser de meia-idade; não ser novato
to be not so bad
ser regular; estar regular; ser razoavelmente bom; estar razoavelmente bom
to be not the question
não tratar-se disso
to be nuts
estar maluco; "estar sofrendo da bola"; perder o juízo (gíria)

to be obsessed with
pensar o tempo todo em
to be of age
ser maior de idade; alcançar a maioridade
to be of good cheer
ser corajoso; ter ânimo
Be of good cheer!
Tenha ânimo!
to be of great age
ser avançado em anos
to be of no use
ser inútil
to be of the same mind
estar de comum acordo; ser do mesmo parecer
to be of use
ser útil; servir
to be of one mind
estar de comum acordo; ser do mesmo parecer
to be off
estar de saída; estar de partida
to be off duty
estar livre; estar em licença; estar de folga
to be off from work
estar ausente do trabalho
to be on
estar em cartaz
to be on a diet
estar de dieta; estar de regime
to be on call
estar de plantão
to be on duty
estar de serviço
to be on page ...
estar na página ...
to be on sale
estar à venda

B

to be on someone's black list
estar malvisto por alguém; ser malvisto por alguém
to be on the alert
estar de prontidão (militar)
to be on the edge
estar nervoso; estar irritado
to be on the go
estar muito ocupado; andar de um lado para outro, constantemente
(indo de um projeto para outro ou de uma coisa para outra)
to be on the horns of a dilemma
estar num beco sem saída; estar numa situação difícil
to be on the left
estar à esquerda
to be on the left side
estar à esquerda
to be on the right
estar à direita
to be on the road to
estar viajando para ; estar em excursão para; estar a caminho de
to be on the phone
estar telefonando
to be on the point of
estar prestes a
to be on the run
pôr-se em fuga; estar sob perseguição
to be on the tip of my tongue
estar na ponta da minha língua
to be on the way
estar a caminho
to be on time
ser pontual; comparecer no horário
to be out
estar fora de casa; errar; estar enganado; estar por fora
to be out of
não ter, no momento,
to be out of cash
estar sem dinheiro
to be out of fashion
estar fora de moda
to be out of money
estar sem dinheiro
to be out of stock
estar sem estoque
to be out of order
estar com defeito; não estar funcionando; estar desarrumado; estar em desordem
to be out of print
estar esgotado (livro); estar esgotada (edição de livros)
to be out of work
estar desempregado; estar sem emprego
to be out with
entrar em discórdia com
to be over
terminar
to be over
terminar; acabar; concluir; cessar; estar no fim; estar concluído; estar terminado
to be paid for
a ser paga
to be passed
ser aprovado (projeto, lei, etc); ser aprovado (em exame)
to be possessed with
ser dominado por; ser tomado de

B

to be put to death
ser morto
to be put under arrest
ser feito prisioneiro
to be put up at auction
ir a leilão
to be sure of
estar certo de; ter certeza de
Be quiet!
Bico calado!
to be responsible for
ser responsável por
to be right
ter razão; estar com a razão
to be sacked
ser despedido; ser demitido
to be second to none
não ser inferior a ninguém; não ficar devendo nada a ninguém; não ficar devendo nada; não ficar atrás de ninguém
to be set free
ser posto em liberdade
to be shipped
ser embarcado
to be short of
estar quase desprovido de; ter pouco
to be short of cash
estar com pouco dinheiro; ter pouco dinheiro
to be short of money
estar com pouco dinheiro; ter pouco dinheiro
to be sorry
sentir muito; ter pena; arrepender-se
to be supposed to
ter de; dever; esperar-se que
to be sure not to do
tratar de não fazer
to be sure to
não deixar de; não se esquecer de; tomar cuidado de
to be terrified at
estar assustado com
to be time for
estar na hora de
to be time for lunch
estar na hora do almoço
to be the apple of one's eye
ser a menina dos olhos de alguém; ser muito querido por alguém
to be the point
ser o objetivo
to be tired of
estar cansado de; estar farto de
to be up against
ter de enfrentar
to be up to
estar em condições; ser capaz de
to be used to
estar acostumado a (refere-se a um hábito ainda presente)
to be with it
estar atualizado; estar a par de assuntos atuais
to be wrapped up in
estar completamente envolvido em
to bear false witness
jurar falso testemunho
to bear in mind
lembrar; recordar; ter em mente; guardar na memória; não esquecer; memorizar

B

to bear record to
dar testemunho de; dar provas de
to bear witness
dar testemunho; testemunhar
to beat an alarm
soar o alarme
(mil.)
to beat about the bush
mudar de assunto; procurar rodeios para dizer alguma coisa; fugir de um assunto; usar de subterfúgio; andar com evasivas; não ir ao ponto
to beat around the bush
mudar de assunto; procurar rodeios para dizer alguma coisa; fugir de um assunto; usar de subterfúgio; andar com evasivas; não ir ao ponto
Beats me.
Não sei.
Não tenho a menor ideia.
Não entendo.
because of
devido a; por causa de
to become due
vencer-se
(prazo para pagamento)
to become history
passar à História; entrar para a História
before anything else
antes de mais nada
before long
em breve
before time
cedo; prematuramente
before too long
sem grande demora

Beggars can't be choosers.
A cavalo dado não se olha o dente. (Prov.)
to behave oneself
comportar-se bem; portar-se bem
Behave yourself!
Tenha modos!
Comporte-se!
behind bars
na prisão
behind closed doors
a portas fechadas
behind schedule
com atraso
behind the scenes
atrás dos bastidores
behind time
atrasado; com atraso
believe it or not
acredite se quiser
to bend over backwards
esforçar-se para agradar alguém
best of all
o melhor de todos
Best wishes,
Abraços,
(término de carta ou correio eletrônico para amigo)
better and better
cada vez melhor
Better late than never.
Antes tarde do que nunca. (Prov.)
better than ever before
melhor do que nunca
Better yet.
Melhor ainda.

B

between now and then
neste meio tempo; entretanto
between ourselves
cá entre nós
between you and me
cá entre nós
beware of
cuidado com
(cachorro, etc.)
beyond a doubt
fora de dúvida
beyond any doubt
fora de qualquer dúvida
beyond question
fora de dúvida; indiscutível
beyond the question
fora de dúvida
Beware of dog.
Cuidado, cão bravo.
(em placas, avisos, etc.)
Big deal!
Uma grande coisa!
big issue
problema crucial
Birds of a feather flock together.
Dize-me com que andas, eu te direi quem és.
Cada qual com seu igual. (Prov.)
bit by bit
pouco a pouco; gradualmente
to bite off more than one can chew
fazer algo além de sua capacidade; superestimar
black market
câmbio negro; mercado negro
to blame (*someone*) for (*something*)
culpar (*alguém*) de (*algo*)

blank check (*US*)/ blank cheque (*UK, Can.*)
cheque em branco
to blow away
levar para longe; carregar para longe (pelo vento)
to blow one's nose
assoar o nariz; limpar o nariz
to blow out
apagar
to book up
reservar
both of them
eles dois
both of us
nós dois
bottom line
informação mais importante
to break a person
arruinar uma pessoa
to break a way
interromper
to break a will
anular um testamento
to break away
escapar-se de; desembaraçar-se à força; desaparecer; desprender-se repentinamente; livrar-se
to break down
parar de funcionar; enguiçar; ter uma estafa; derrubar; demolir; deitar abaixo; quebrar
to break forth
brotar; romper
(entusiasmo, etc.);
expandir-se ruidosamente
to break in
forçar; arrombar; entrar à força; entrar inesperadamente;

B

interromper com uma observação
to break into
forçar; arrombar; entrar à força; entrar violentamente
to break into tears
começar a chorar
to break one's heart
decepcionar alguém; entristecer alguém; afligir-se; atormentar-se; causar aflição a
to break one's word
quebrar a promessa
to break out
começar de repente; manifestar-se repentinamente; brotar; arrebentar; aparecer em forma de erupção; explodir; gritar; exclamar; vociferar
to break out into tears
começar a chorar
to break silence
romper o silêncio
to break somebody's heart
decepcionar alguém; entristecer alguém
to break someone's heart
decepcionar alguém; entristecer alguém
to break the ice
animar; promover a cordialidade; quebrar o gelo; começar; quebrar o silêncio (para iniciar a conversa, desfazendo o ambiente cerimonioso, reservado e frio, entre um grupo de pessoas)
to break the law
violar a lei
to break the news
dar más notícias; transmitir, com cautela, uma notícia má; revelar, cuidadosamente, um segredo
to break the record
bater o recorde
to break the step
encurtar o passo
to break up
quebrar; cortar relações; separar em definitivo; divorciar; terminar um relacionamento amoroso; dissolver; pôr termo a; dispersar-se; desvanecer-se; desaparecer
to bring back
devolver; tornar a trazer; reconduzir
to bring down
abaixar (preço); humilhar; abater; diminuir; reduzir; moderar; derrubar
to bring down the house
promover grandes aplausos
to bring forth
produzir; dar à luz; gerar; parir; revelar; manifestar
to bring forward
adiantar
to bring someone up to date
pôr alguém a par de
to bring something to one's remembrance
trazer à memória de alguém alguma coisa; lembrar
to bring the discussion to an end
encerrar a discussão
to bring to an end
concluir; terminar; fazer terminar; encerrar

B

to bring to completion
concluir
to bring to light
descobrir; publicar; tornar conhecido; revelar com clareza; esclarecer
to bring together
ajuntar; reunir
to bring up
tocar em; trazer à tona (assunto)
to brush away
limpar; enxugar
to brush up on (*something*)
estudar (*algo*); recapitular (*algo*); relembrar (*algo*)
to build on
ampliar a construção
to build on (*something*)
ampliar a construção de algo
to build on to (*something*)
ampliar a construção de algo
to burn down
ser destruído pelo fogo
to burn up
queimar completamente; ser destruído pelo fogo; ser consumido pelo fogo
business connections
relações comerciais
Business is business.
Amigos, amigos, negócios à parte.
Negócio é negócio. (Prov.)
busy line
linha ocupada (telefone)
but even so
mas mesmo assim

But what?
Mas o quê?
(Expressão usada em resposta a: But...)
but yet
todavia; contudo
to buy at wholesale (*USA*)
comprar por atacado
to buy by instalments
comprar a prestação
to buy by retail
comprar a varejo
to buy by wholesale (*UK*)
comprar por atacado
to buy out
adquirir
(a companhia toda)
to buy retail
comprar a varejo
to buy wholesale
comprar por atacado
by accident
de forma inesperada; de forma casual; acidentalmente; por acaso
by air
por via aérea
by air mail
por via aérea
by all means
certamente; sem dúvida; com toda certeza; sem falta
by and by
daqui a pouco; dali a pouco; logo; brevemente
by any chance
por acaso
by any means
de qualquer forma

B

by appointment
com hora marcada
by bus
de ônibus
by cab (USA)
de táxi
by car
de automóvel; de carro
by chance
por acaso; porventura
by courtesy of
gratuitamente; com a permissão de
by credit card
com cartão de crédito
by day
de dia; durante o dia
by ear
de ouvido
by far
de longe; muito; em alto grau
by hand
em mãos; entregue pessoalmente
by heart
de cor; de memória
by himself
ele sozinho
by land
por terra; por via terrestre
by letter
por carta
by means of
por meio de; mediante
by mistake
por engano; por descuido
by morning
pela manhã
by name
de nome
by night
à noite; durante a noite; de noite
by no manner
de modo algum; de maneira nenhuma
by no means
de modo algum; de forma alguma; absolutamente; de maneira nenhuma; de modo nenhum; de espécie alguma
by oneself
sozinho; só; por si próprio
by plane
de avião
by sea
por mar
by ship
de navio
by sight
de vista
by surprise
de surpresa; inesperadamente
by telling the truth
contando a verdade
by the end of today
até as 17h de hoje; até o final do expediente de hoje (comércio)
by the grace of God
pela graça de Deus
by the sea
à beira do mar
by the seashore
à beira da praia; à beira-mar
by the side of
ao lado de
by the time
quando; na hora em que; na época em que

B

by the way
a propósito; de passagem; por falar nisso
by this time
a estas horas
by twos
aos pares; dois a dois; de dois em dois
by train
de trem
by virtue of
em virtude de; em consequência de
by word and deed
com palavras e atos

by word of mouth
de boca; por entendimento verbal; oralmente; sem contrato firmado; verbalmente; de viva voz
Bye-bye!
Tchau!
Té logo!
(informal)
Bye for now!
Até logo!
Até mais!
Bye now!
Até logo!
Até mais!

C

to call for
ir buscar; requerer; encomendar; demandar; mandar vir; pedir; precisar
to call forth
provocar; suscitar
to call in
mandar entrar; recolher
to call in question
disputar
to call it a day
encerrar o expediente; encerrar o trabalho
to call it quits
parar algo; interromper algo
to call a person names
insultar alguém; xingar alguém; difamar alguém
to call out
gritar; fazer a chamada
to call someone back
voltar a telefonar para alguém mais tarde; responder uma chamada telefônica anterior
to call to mind
recordar-se
to call up
telefonar
to calm down
acalmar; relaxar
Can I pay by check? (*US*)/ Can I pay by cheque? (*UK, Can.*)
Posso pagar em cheque?
Can I leave a message?
Posso deixar um recado? (telefone)

Can I take a message?
Quer deixar um recado comigo? (telefone)
can take it
não se dobrará, nem se renderá ao castigo, aguentando firme as vicissitudes ou provações
can't help
não pode evitar
can't stand
não pode suportar; não posso suportar (e outros sentidos mais)
Can you direct me to ...?
Você pode me indicar o caminho para ...?
Can you tell me the time, please?
Quantas horas, por favor?
to carry arms
andar armado
to carry on
continuar; prosseguir; perseverar
to carry out
realizar; efetuar; executar; levar a cabo; completar; cumprir
to carry weight
ter peso, ser pesado
to cash a check (*US*)/ to cash a cheque (*UK, Can.*)
descontar um cheque
to cast a look at
dar uma olhada em; dar uma olhadela em; olhar para
to cast away
gastar; desperdiçar; dissipar; rejeitar; repelir; naufragar

C

to cast one's bread upon the waters
fazer o bem sem olhar a quem
to cast out
expulsar; rejeitar; despedir; mandar embora; atirar fora
to cast pearls before swine/ to cast pearls before the swine
atirar pérolas aos porcos; jogar pérolas aos porcos
to cast (*someone*) out
mandar (*alguém*) embora
to cast (*something*) out
jogar (*algo*) fora
to cast the first stone
atirar a primeira pedra
to catch a cold
apanhar um resfriado; pegar um resfriado; resfriar-se
to catch a glimpse of
vislumbrar; ver de relance
to catch fire
pegar fogo; incendiar-se
to catch in the very act
apanhar em flagrante
to catch on
tornar-se popular
to catch one's eye
atrair a atenção de alguém; atrair o interesse de alguém
to catch up
apanhar; colher; alcançar
to catch up on things
falar do que se passou
caught by surprise
surpreendido
certified check (*US*)/ certified cheque (*UK, Can.*)
cheque certificado
chances are slim
as chances são mínimas
to change for the better
mudar para melhor
to change one's mind about
mudar de ideia a respeito de; mudar de ideia quanto a; mudar de opinião quanto a; mudar de parecer a respeito de; arrepender-se de
to check out
acertar as contas para sair (hotel, etc.)
check out time
hora de deixar o hotel
to check (*someone*) in
registrar a chegada de (*alguém*)
to check (*someone*) off
registrar a saída de (*alguém*); dar baixa no nome de (*alguém*) (em uma lista)
to check (*something*) off
registrar a saída de (*algo*); dar baixa no nome de (*algo*) (em uma lista)
to check (*someone*) out
olhar (*alguém*) de perto; examinar (*alguém*)
to check (*something*) out
olhar (*algo*) de perto; examinar (*algo*)
to check up
examinar; verificar
Christmas eve
véspera de Natal
to clap hands
bater palmas
to clean (*someone*) up
limpar (*alguém*)

C

to clean (*something*) up
limpar (*algo*); pôr (*algo*) em ordem
to clear the table
tirar a mesa
close by
pertinho; juntinho; bem próximo; perto; a pouca distância
to close down
fechar permanentemente; fechar temporariamente (negócio, escritório, fábrica, etc.)
to close out
liquidar
to close the door on (*someone*)
fechar a porta na cara de (*alguém*); bater a porta na cara de (*alguém*)
to close up
fechar; cerrar; unir
coffee break
hora da merenda; intervalo para o café
Come along!
Vamos!
Come and get it!
Venha para a mesa! Está na mesa!
to come and go
aparecer e desaparecer
to come back to (*someone*)
voltar para (*alguém*); retornar para (*alguém*)
to come back to (*something*)
voltar para (*algo*)
Come back soon!
Volte logo!
to come by
passar perto; aproximar-se

come February (March, April, etc.)
no próximo mês de fevereiro (*março, abril, etc*); fevereiro (*março, abril, etc.*) próximo
to come down
descer; baixar
to come for
vir buscar
to come forth
sair; aparecer
to come forward
adiantar-se; avançar; apresentar-se
to come home
voltar para casa; voltar para a família; vir para casa; voltar para o país; tornar
to come in
entrar; chegar
Come in!
Entre!
Come in and sit down!
Entre e sente-se!
to come in contact with
aproximar-se; entrar em contato
to come into existence
ter início; nascer; começar
to come into the world
vir ao mundo; nascer
to come near
chegar-se; acercar-se; aproximar-se
to come nigh
chegar-se; acercar-se; aproximar-se
Come off!
Não seja bobo! Esteja vivo!

C

to come on
apressar-se
(para alcançar alguém)
Come on!
Vamos!
Come on in!
Vamos, entre!
to come out
sair; deixar
(um lugar)
Come over here.
Venha até aqui.
to come short
ser insuficiente; esgotar-se
Come this way.
Venha por aqui.
to come to a conclusion
chegar a uma conclusão
to come to an agreement
chegar a um acordo
to come to an end
chegar ao fim; terminar; acabar-se; esgotar-se; desvanecer-se; extinguir-se
to come to an understanding with (*someone*)
chegar a um acordo com (*alguém*)
to come to light
aparecer; ser descoberto; ser encontrado; vir à luz; vir à tona; ser publicado; ser revelado; tornar-se público
to come to mind
lembrar; ocorrer à memória
to come to nothing
malograr-se; falhar
to come to pass
acontecer; suceder; ocorrer; ter lugar

to come to terms
chegar a um acordo
to come together
ajuntar-se; reunir-se
to come true
tornar-se verdadeiro; verificar-se; realizar-se
(*aspiração, desejo*)
to come up
subir; aproximar-se (*de uma pessoa para falar*)
to come up with a solution
encontrar uma solução
come what may
suceda o que suceder; haja o que houver
come what will
aconteça o que acontecer; venha o que vier
coming events
os próximos acontecimentos
Coming up!
Já vou!
Está pronto.
confirmed in writing
confirmado por escrito
to copy (*something*) down
anotar (*alguma coisa*)
to cost an arm and a leg
custar caro demais; ser extremamente caro
couch potato
pessoa viciada em televisão (gíria)
Could you excuse me for a minute?
Dá licença um pouquinho?
Could you take a message?
Posso deixar um recado com você?

C

to count down
fazer contagem regressiva
Count me in.
Conte comigo.
to count on (*someone*)
confiar em (*alguém*)
to count on (*something*)
confiar em (*algo*)
to count (*something*) in
enlistar (*algo*)
to count up to 100
contar até 100
to count upon (*someone*)
confiar em (*alguém*)
to count upon (*something*)
confiar em (*algo*)
Crime is on the increase.
A criminalidade está aumentando.
crocodile tears
lágrimas de crocodilo
to cross a check (*US*)/ to cross a cheque (*UK, Can.*)
cruzar um cheque
to cross the line
atravessar a linha
to cross the river
morrer
to cross the T's
ser escrupulosamente exato; ser escrupulosamente preciso
to crush down
esmagar; triturar; reduzir a pequenos pedaços
to cry for joy
chorar de alegria

to cry like a little baby
chorar como um bebezinho (comparação popular)
to cry one's eyes out
chorar muito
to cry out
gritar; exclamar; bradar; chamar; queixar-se (em voz alta)
to cut a person
fazer que não vê uma pessoa
to cut back
aparar; retroceder; podar
to cut in half
cortar ao meio
Cut it out!
Pare com isso!
to cut off
cortar fora (*parte ou pedaço*); cortar rente; interromper abruptamente; decepar; extirpar; dobrar (*numa estrada, rodovia, etc.*); desligar (*água, eletricidade, máquina, etc.*)
to cut one short
interromper alguém que está falando; cortar-lhe a palavra; acabar antes do tempo
to cut something in half
cortar ao meio
to cut the cheese
peidar (gíria)
to cut to pieces
reduzir a pedaços

D

day after tomorrow
depois de amanhã
day by day
dia a dia; diariamente; todos os dias
day after day
todos os dias; diariamente
day to day
diariamente
days of grace
prazo de tolerância; prorrogação de prazo
to deal with a problem
tratar de um problema
to deal with money
lidar com dinheiro
death certificate
certidão de óbito
to decide on (*someone*)
escolher (*alguém*); avaliar (*alguém*) em relação a um dado aspecto
to decide on (*something*)
escolher (*algo*); avaliar (*algo*) em relação a um dado aspecto
to decide upon (*someone*)
escolher (*alguém*); avaliar (*alguém*) em relação a um dado aspecto
to decide upon (*something*)
escolher (*algo*); avaliar (*algo*) em relação a um dado aspecto
to declare a fraudulent bankruptcy
dar um estouro na praça; dar um tiro na praça; abrir falência fraudulenta
to deliver the goods
cumprir o prometido; dar conta do recado; fazer algo com perfeição; ser capaz
delivered by hand
entregue em mãos
to depart this life
partir deste mundo
to develop a film
revelar um filme (fot.)
to dine out
jantar fora
Dinner is served.
O jantar está na mesa.
dirty look
olhar de escárnio; olhar de desprezo; olhar de desagrado
to do a favor (*US*)/ to do a favour (*UK, Can.*)
fazer um favor
to do a good action
praticar uma boa ação
to do a good deed
praticar uma boa ação
to do a job
trabalhar
to do a picture
pintar um quadro
to do a service
fazer um serviço; prestar um serviço
to do a stupid thing
fazer besteira

D

to do a task
realizar uma tarefa
to do a work
trabalhar
to do all
fazer tudo
to do an exercise
fazer um exercício
to do anything
fazer qualquer coisa
Do as you like.
Faça como quiser.
to do as you please
fazer como você quiser; fazer como preferir
Do as you please.
Faça como quiser.
Do as you wish.
Faça como quiser.
to do business
fazer negócio; negociar
to do damage
causar um dano; causar prejuízo
to do good
fazer bem
Do it now.
Não deixe para amanhã o que pode fazer hoje. (Prov.)
to do justice
fazer justiça
Do not angry!
Não se zangue!
Do not disturb.
Não perturbe. (aviso)
Do nothing.
Não faça nada.
to do one good
fazer bem a alguém
to do one's best
fazer o possível; fazer o melhor possível
to do one's job
aplicar-se ao trabalho
to do one's very best
esmerar-se; fazer o possível
to do one's work
fazer o trabalho
to do our share
fazer a nossa parte
to do our task
fazer a nossa tarefa
to do right
fazer certo; fazer direito; fazer bem
to do something about it
fazer alguma coisa para resolver isso
to do the best one can
fazer o melhor que puder
to do the dishes
lavar a louça
to do the job
obter o resultado esperado
to do the laundry
lavar as roupas
to do the room
arrumar o quarto
to do the same
fazer o mesmo
to do the trick
obter o resultado esperado (informal)
to do well
prosperar; ir bem; fazer bem
to do what is necessary
fazer o necessário
to do wrong
fazer errado; fazer mal

D

Do you feel comfortable about that?
Você está de acordo com isso?
Do you mind?
Você se importa?
Do you really think so?
Você acha mesmo?
É mesmo?
(resposta a elogio)
to do without
passar sem
to do without (*someone*)
passar sem (*alguém*) que é necessário
to do without (*something*)
passar sem (*algo*) que é necessário
Don't be afraid.
Não se assuste.
Don't be too sure.
Não tenha tanta certeza.
Don't blow your money
Não gaste dinheiro à toa
don't bother about it
não se preocupe com isso; não se incomode com isso
Don't bother me!
Não me amole!
Não me aborreça!
Don't cut me off!
Não desligue! (telefone)
Don't go too far!
Não se exceda!
Don't mention it!
Não há de quê!
De nada!
Por nada!
Não seja por isso!
Não por isso!
Don't panic!
Não entre em pânico!

Don't rush!
Não se afobe!
Don't talk like that!
Não fale assim!
Don't talk to me like that!
Não fale assim comigo!
Não fale comigo deste jeito!
Don't worry!
Não se preocupe!
Deixe para lá!
Don't worry about it!
Não se preocupe!
Deixe para lá!
Não se preocupe com isso!
Don't you think so?
Você não acha?
down on one's knees
de joelhos
down the ages
através dos séculos
down the road
nos próximos cinco anos
down to one's knees
de joelhos
to draw a line
traçar uma linha
to draw back
reaver; recobrar
to draw blood
tirar sangue; fazer sangrar
to draw near
aproximar-se
to draw near to (*someone*)
aproximar-se de (*alguém*)
to draw near to (*something*)
aproximar-se de (*algo*)
to dream about (*someone*)
ansiar por (*alguém*); sonhar com (*alguém*)
to dream about (*something*)
ansiar por (*algo*)

D

to dream of (*someone*)
ansiar por (*alguém*); sonhar com (*alguém*)
to dream of (*something*)
ansiar por (*algo*)
to dress up
estar bem vestido; vestir-se a rigor
to drink (*something*) up
beber (*algo*) por completo
drinking water
água potável
to drive back
dirigir de volta
to drop off
cair
to drop out
deixar de frequentar; abandonar

to drop (*someone*) a line
escrever um bilhete (*a alguém*); enviar notícias (*a alguém*); escrever algumas linhas (*a alguém*)
dry cleaning
lavagem a seco
during my lunch hour
durante minha hora de almoço
during the rush hour
na hora do rush
during the Middle Ages
na Idade Média

E

each one of these
cada um destes
each other
um ao outro
to earn one's living
ganhar a vida
early in the morning
de manhã cedo; de manhã cedinho; de madrugada
early last year
no começo do ano passado
early morning
de manhã cedo; de manhã cedinho; de madrugada
to eat like a horse
comer como um leão; comer muito (comparação popular)
to eat like a pig
comer como um porco (comparação popular)
to eat out
comer em um restaurante; comer fora de casa
to eat (*something*) up
comer (*algo*) por completo
either side
ambos os lados
Employees only
Somente pessoas autorizadas (aviso)
to end up
finalizar; chegar a um fim
to endorse a cheque (*UK*)/ to indorse a check (*US*)
endossar um cheque

Enough of this.
Basta!
Chega!
to enter into a partnership
consorciar-se
errors and omissions excepted
salvo erro ou omissão
errors or omissions excepted
salvo erro ou omissão
even if
mesmo assim; ainda quando
even more
ainda mais
even now
mesmo agora
even so
mesmo assim
even though
embora
ever before
em qualquer ocasião anterior
ever more
cada vez mais
ever since
desde que; desde então
Every beginning is difficult.
O mais difícil é começar.
Todo começo é difícil.
(Prov.)
every day
todos os dias; diariamente
every half an hour
de meia em meia hora
every half-hour
de meia em meia hora

E

every hour
de hora em hora
Every little bit helps.
Tudo o que cai na rede é peixe.
De grão em grão a galinha enche o papo.
Qualquer ajuda é bem-vinda. (Prov.)
Every little helps.
Tudo o que cai na rede é peixe.
De grão em grão a galinha enche o papo.
Qualquer ajuda é bem-vinda. (Prov.)
Every man to his job.
Cada macaco no seu galho. (Prov.)
every minute
a todo instante
every moment
a todo momento
every morning
todas as manhãs
every other
um sim, outro não; a cada dois; a cada duas; alternadamente
every other day
dia sim, dia não; em dias alternados; um dia sim, outro não; de dois em dois dias
every other month
mês sim, mês não; em meses alternados; um mês sim, outro não; de dois em dois meses
every other week
semana sim, semana não; em semanas alternadas; uma semana sim, outra não; de duas em duas semanas
every other year
em anos alternados
every reason
todos os motivos
every time
todas as vezes
every two days
de dois em dois anos
every two years
de dois em dois anos
Excuse me.
Desculpe!
Com licença...
Dá licença?
Excuse me for being late.
Queira desculpar o meu atraso.
to execute an order
executar uma encomenda
extension of time
prorrogação de prazo
Eyes left!
Olhar à esquerda!
(mil.)
Eyes right!
Olhar à direita!
(mil.)

F

face down
de bruços
to face the difficulties
enfrentar os problemas; ser corajoso
to face the facts
encarar os fatos; enfrentar a situação
to face the world
encarar os fatos; enfrentar a situação
face to face
cara a cara; face a face; frente a frente
to fade out
sumir; diminuir
to fall apart
cair aos pedaços; despedaçar-se; desintegrar-se
to fall asleep
adormecer; pegar no sono
to fall behind (*in something*)
atrasar-se; perder terreno; ficar para trás; ser insuficiente
to fall behind (*on something*)
atrasar-se; perder terreno; ficar para trás; ser insuficiente
to fall behind (*with something*)
atrasar-se; perder terreno; ficar para trás
to fall down
cair (no chão)
to fall due
terminar o prazo; vencer (prazo para pagamento)

to fall from grace
pecar
to fall in love (*with someone*)
apaixonar-se (*por alguém*); ficar apaixonado (*por alguém*); passar a gostar (*de alguém*)
to fall in love (*with something*)
passar a gostar (*de algo*)
to fall into pieces
cair aos pedaços; quebrar
to fall short
faltar; ser insuficiente; não alcançar; estar aquém; não bastar; acabar-se; escassear
to fall sick
cair doente
to fall through
fracassar
to fall to pieces
cair aos pedaços; desintegrar-se
far and wide
por toda parte; em todas as direções; por todo lado
far away
muito longe; distante; longe; longínquo; remoto
far below
muito abaixo
far better
muito melhor
far beyond
muito além
far different
muito diferente
far easier
muito mais fácil

F

far enough
bem longe
far, far away
muito, muito longe
far from
longe de
far from it
longe disso; de modo algum
far more
muito mais
far off
muito longe; a grande distância
far worse
muito pior
fast asleep
profundamente adormecido
Fasten your seat belt.
Aperte o cinto de segurança. (avião)
fed up
aborrecido; cheio; chateado; farto
to feel at home
sentir-se à vontade; não fazer cerimônia
to feel like
ter vontade de; desejar; estar disposto a
to feel much better
sentir-se melhor
to feel out of place
sentir-se fora de seu ambiente
to feel sorry
sentir muito; arrepender-se; ter pena
to feel the pulse
tomar o pulso
to feel well
sentir-se bem

fewer and fewer
cada vez menos
fifty-fifty
meio a meio; rachado pela metade
to fight against (*someone*)
lutar contra (*alguém*); brigar com (*alguém*)
to fight against (*something*)
lutar contra (*algo*)
to figure (*someone*) out
entender (*alguém*); compreender (*alguém*); entender melhor (*alguém*)
to figure (*something*) out
entender (*algo*); compreender (*algo*); entender melhor (*algo*); resolver (*um problema*); calcular (*algo*); imaginar (*algo*); estimar (*algo*); contar (*algo*); checar (*uma soma*); verificar (*algo*)
to fill a prescription (*USA*)
aviar uma receita
to fill in a form
preencher um formulário; completar um formulário; preencher uma ficha
to fill in the blanks
preencher os espaços em branco
to fill (*something*) out
preencher (*algo*)
to fill up a form
preencher um formulário; completar um formulário; prencher uma ficha
to find courage
ter coragem para

F

to find favor in the eyes of (*US*)/ to find favour in the eyes of (*UK, Can.*)
achar graça aos olhos de; agradar alguém; cair nas graças de alguém
to find one's way to
conseguir; chegar a; alcançar o destino
to find (*something*) out
averiguar (*algo*); descobrir (*algo*); perceber (*algo*); verificar (*algo*); resolver (*algo*); compreender (*algo*); entender (*algo*); achar (*algo*); encontrar (*algo*)
to finish up
terminar (de fazer algo)
first and last
ao todo; em conjunto
First come, first served.
Quem primeiro chega primeiro é servido. (Prov.)
Por ordem de chegada.
first hand
em primeira mão
First lady
Primeira Dama
first name
nome
first of all
antes de tudo; primeiro de tudo; antes de mais nada; para começar
fixed period of time
prazo fixo
flea market
mercado
to flush the toilet
dar a descarga

to fly away
escapar; fugir
to follow in somebody's footsteps
seguir o exemplo de alguém; fazer o que alguém fez; seguir os passos de alguém; ir nas pegadas de alguém
to follow up
levar adiante; reforçar; seguir com persistência; continuar do mesmo modo
to follow very closely
acompanhar bem perto
food for tought
informação que leva alguém a pensar mais profundamente sobre algo; algo que dá no que pensar
for a long time
por muito tempo; durante muito tempo
for a moment
por um instante
for a number of reasons
por razões diversas
for a season
por uns tempos; por uma temporada
for a short time
por pouco tempo
for a while
por uns tempos; por algum tempo
for ages
há muito tempo; há séculos
for all that
por tudo isso; apesar disso; contudo; não obstante

F

for at least
durante pelo menos
for better or for worse
para melhor ou para pior
for ever
para sempre
for ever and ever
para sempre; para todo o sempre; eternamente
for example
por exemplo
for fear of
com medo de
for fear that
com medo de que
for free
de graça
for fun
por brincadeira; por prazer
For further information...
Para maiores esclarecimentos... Para informações adicionais...
for future reference
para referência futura
for God's sake
pelo amor de Deus
for good
de vez; de uma vez por todas; finalmente; definitivamente; pela última vez; para sempre (gíria)
For how long?
Por quanto tempo?
for instance
por exemplo
for nothing
a troco de nada; de graça; gratuitamente
for now
por enquanto; por ora

for one reason or another
por um motivo ou outro; por um motivo qualquer
for personal reasons
por razões de caráter particular; por motivos particulares
for quite a long time
por bastante tempo
For rent
Aluga-se.
for sale
à venda
for several months now
de alguns meses para cá
for sure
com certeza; com segurança; por certo; na certa
for the common good
para o bem de todos
for the first time
pela primeira vez
for the future
futuramente; quanto ao futuro; para o futuro
for the moment
por enquanto
for the most part
na maior parte; na maior parte das vezes; na maioria das vezes
for the sake of
em razão de; por causa de; por amor de; em atenção a; devido a; por amor a; em benefício de
for the sake of truth
a bem da verdade
for the time being
por enquanto; provisoriamente; até segunda ordem; por ora; por agora; temporariamente; no presente momento

F

for the past few days
de uns dias para cá
for the purpose of
para o fim de; com o propósito de
for this reason
por esta razão
For what reason?
Por que motivo?
for years now
há anos
for your convenience
para sua comodidade
for your own good
para seu próprio bem
foreign currency
moeda estrangeira; divisa estrangeira;
forever and ever
para sempre
free of charge
grátis; isento de despesas; livre de despesas
free on board/ F.O.B.
posto a bordo
free time
folga
fresh information
informações recentes
from above
de cima
from bad to worse
de mal a pior
from beginning to end
do começo ao fim
from beyond the grave
do além
from bottom to the top
de baixo para cima
from cover to cover
da primeira à última página; de cabo a rabo
from day to day
dia a dia; diariamente
from door to door
de porta em porta
from hand to hand
de mão em mão
from head to foot
da cabeça aos pés; de alto a baixo; dos pés à cabeça
from memory
de memória
from now on
de agora em diante; a partir de agora; daqui em diante; daqui para a frente; daqui por diante
from one end to the other
de um extremo ao outro
from overseas
de além-mar
from start to finish
do começo ao fim
from the bottom of one's heart
do fundo do coração de alguém
from the first
desde o início
from the very beginning
desde o início
from this day on
de hoje em diante; a partir de hoje
from this time forth
daqui em diante
from time to time
de tempos em tempos; de quando em quando; de vez em quando; algumas vezes

F

from today on
de hoje em diante; a partir de hoje

from top to bottom
de cima para baixo; de alto a baixo; completamente; de cima a baixo

from what I can see
pelo que vejo

from within
de dentro

G

to gang up against (*someone*)
unir-se contra (*alguém*);
conspirar contra (*alguém*);
agrupar-se contra (*alguém*);
atacar (*alguém*) em bando
to gang up against (*something*)
unir-se contra (*algo*); conspirar contra (*algo*); agrupar-se contra (*algo*); atacar (*algo*) em bando
to gang up on (*someone*)
unir-se contra (*alguém*);
conspirar contra (*alguém*);
agrupar-se contra (*alguém*);
atacar (*alguém*) em bando
to gang up on (*something*)
unir-se contra (*algo*); conspirar contra (*algo*); agrupar-se contra (*algo*); atacar (*algo*) em bando
to gather (*something*) up
juntar (*algo*); apanhar (*algo*)
to get a bad grade
receber nota ruim
to get a better position
arranjar emprego melhor
to get a cold
apanhar um resfriado; resfriar-se; constipar
to get a degree in
formar-se em
to get a driver's license
obter carteira de motorista
to get a good grade
receber nota boa
to get a job
arranjar emprego
to get a promotion
ser promovido
to get a raise
obter um aumento salarial
to get a ride
pegar uma carona
to get a taxi
tomar um táxi
to get a thing done
acabar; mandar fazer alguma coisa
to get acquainted with
acostumar-se com
to get along with (*someone*)
dar-se bem com (*alguém*); continuar com (*alguém*); ir em frente com (*alguém*)
to get along with (*something*)
dar-se bem com (*algo*); continuar com (*algo*); ir em frente com (*algo*); fazer progresso em (*algo*); prosperar em (*algo*)
to get an idea
orientar-se
to get angry
zangar-se; ficar zangado; encolerizar-se
Get away!
Sai!
Saia daqui!
Sai daqui!
Saia!
Desimpede o caminho!
to get away with something
fazer algo sem sofrer quaisquer

G

consequências negativas;
fazer algo sem sofrer qualquer
punição
to get back
reaver; recuperar
(coisa perdida)
voltar; retornar; estar de volta
to get back at (*someone*)
vingar-se de (*alguém*)
to get behind in (*something*)
atrasar-se em (*algo*); ficar para
trás em (*algo*)
to get behind on (*something*)
atrasar-se em (*algo*); ficar para
trás em (*algo*)
to get behind with (*something*)
atrasar-se em (*algo*); ficar para
trás em (*algo*)
to get better
melhorar; restabelecer-se
(de doença)
to get busy
ocupar-se ativamente
to get by heart
decorar; repetir
to get carried away
ficar superanimado; ficar
superotimista
to get engaged
ficar noivo; noivar
to get here
chegar aqui
to get home
chegar em casa
to get in
entrar; meter em; acertar
Get in!
Entre!
to get in touch with
comunicar-se com; entrar
em contato com; contactar;
manter-se em contato com
(por: telefone; carta; fax;
correio eletrônico)
to get in trouble
arranjar problemas
to get into a mess
meter-se em dificuldades
to get into debt
contrair dívida
to get lost
perder-se; sumir;
desencaminhar-se; extraviar-se
Get lost!
Suma daqui!
Vá lamber sabão!
Vá pentear macacos!
Vá plantar batatas!
Vá amolar o boi!
Vá para a Cucuia!
Vá embora!
Suma!
Dê o fora!
Pare de amolar! (gíria)
to get mad with (*someone*)
ficar louco de raiva com
(*alguém*); ficar zangado com
(*alguém*); zangar-se com
(*alguém*); ficar bravo com
(*alguém*)
to get married to
casar-se com
to get mixed up
ficar confuso; confundir-se
to get (money) out
sacar (dinheiro)
to get near to
aproximar-se de
to get nervous
ficar nervoso

G

to get on
subir; entrar
to get off
descer; sair
(de coletivo; de veículo)
Get off!
Saia daqui!
to get off on (*someone*)
ficar animado com (*alguém*);
gostar realmente de (*alguém*)
to get off on (*something*)
ficar animado com (*algo*);
gostar realmente de (*algo*)
to get off someone's back
parar de importunar alguém
to get off a car
descer de um carro
to get on
entrar (avião, veículo, etc.)
to get out
sair; partir; escapar-se; ir embora
Get out!
Saia daqui!
Get out of here!
Saia daqui!
to get out of sight
sair; sumir; desaparecer
to get over
vencer obstáculos
to get ready
aprontar-se; preparar-se
Get real!
Caia na real!
Seja realista!
to get sick
ficar doente; adoecer
to get stuck
ficar preso a alguma coisa

to get the picture
entender
(a situação ou os fatos)
to get the sack
ser demitido; ser despedido; ser dispensado (do emprego)
to get the streetcar
tomar o bonde
to get the worst
levar a pior
to get there
realizar o intento; conseguir algo; chegar lá; ser bem sucedido
Get this.
Entenda isto:
to get through
contactar (por telefone); terminar; conseguir passar; passar; atravessar; ir até o fim; concluir
to get tired
ficar cansado; cansar-se
to get to
chegar a
to get to the heart of
atingir o âmago de
to get to work
chegar ao trabalho
to get together
colecionar; reunir; chegar a um acordo
to get under control
dominar
to get under way
pôr-se a caminho
to get up
levantar-se (de manhã, etc.)
erguer; pôr em pé
to get used to
acostumar-se a; adaptar-se a

G

to get well
melhorar
(de doença)
to get worse
piorar
to give a boost to
dar um impulso a
to give a hand
dar uma mão
to give a helping hand
dar uma mão
to give a lift to (*someone*)
dar uma carona a (*alguém*)
to give a look at
dar uma olhada em
to give a ride
dar carona (gíria)
to give a test
aplicar uma prova (professor)
to give account
informar; avisar; explicar
to give an exam
aplicar uma prova (professor)
to give away
dar (de presente ou esmola); desfazer-se de; distribuir
to give back
restituir
to give birth to
dar à luz a; gerar; originar; causar; produzir
to give countenance to
animar; aprovar; proteger
to give credit
reconhecer; citar
to give ear to
dar ouvidos a; prestar atenção a
to give homage to
prestar homenagem a
to give in
concordar, finalmente, com

to give instructions
dar instruções
Give me a call!
Telefone para mim!
to give notice
notificar; informar com antecedência; dar aviso prévio
to give (*someone*) a break
parar de amolar (*alguém*)
to give (*someone*) a call
dar um telefonema a (*alguém*)
to give (*someone*) a hand
ajudar (*alguém*); dar uma ajuda a (*alguém*)
to give (*someone*) a lift
dar uma carona a (*alguém*)
to give (*someone*) a ring (*UK*)
dar um telefonema a (*alguém*); telefonar a (*alguém*)
to give the sack
demitir; despedir; mandar embora
to give one's word
dar a palavra
to give place to
dar lugar; ceder; abrir caminho; ser sucedido por
to give up (*on someone*)
entregar os pontos; desistir de, por não haver mais esperança; confessar-se derrotado; parar de tentar; abandonar
to give up (*on something*)
entregar os pontos; desistir de, por não haver mais esperança; confessar-se derrotado; parar de tentar; abandonar; renunciar; ceder
to give way to
ceder

G

glad tidings
boas notícias
Glad to meet you.
Prazer em conhecê-lo.
Glad to see you again.
Prazer em revê-lo.
to go abroad
viajar para o exterior; viajar para o estrangeiro; ir para o exterior; ir ao estrangeiro; viajar pelo estrangeiro
to go against
contradizer; contrariar; ir contra (princípios, etc.)
Go ahead!
Pode falar!
Fale!
(telefone)
Siga em frente!
Continue!
Vá em frente!
Vamos!
to go ahead
prosseguir; ir em frente; continuar; seguir em frente
to go along with
ir com; concordar com
to go astray
desencaminhar-se; errar o caminho; extraviar-se; perder-se; enganar-se
to go away
ir embora; sair
Go away!
Rua!
Saia daqui!
Fora daqui!
Vá embora!
to go back
voltar (para lá); recuar

to go back on
voltar atrás; não manter a palavra; trair
to go bad
corromper-se; deteriorar-se; arruinar-se
to go bankrupt
falir
to go by
passar
to go down
descer; cair; diminuir; baixar
to go down the river
ir rio abaixo
to go downstairs
descer (as escadas)
to go for
ir em busca de; ir buscar; esforçar-se por obter
to go for a ride
dar um passeio
(de carro, de bicicleta, a cavalo, em veículo público, etc.)
to go for a walk
ir dar um passeio; ir dar uma volta; ir passear
to go forth
sair; partir; publicar
to go forward
ir para diante; adiantar-se; continuar; progredir
to go from bad to worse
ir de mal a pior
to go home
ir para casa
to go into bankruptcy
ir à falência
to go into detail
entrar em pormenores; entrar em detalhes; entrar em minúcias

G

to go into details
entrar em pormenores; entrar em detalhes; entrar em minúcias
to go on
continuar; prosseguir; continuar a andar; avançar; ter lugar em; perseverar
to go on strike
entrar em greve
to go out
sair; ir embora; sair de casa; sair da moda; cair em desuso
to go out of the way
desviar-se
to go out with (*someone*)
sair para encontrar-se com (*alguém*); encontrar-se com (*alguém*) regularmente
to go over
revisar; repetir; repisar; rever; checar
to go places
alcançar sucessos
Go straight ahead!
Siga em frente!
Segue em frente!
Siga reto!
Segue reto!
to go three times a month
ir três vezes por mês
to go through
examinar atentamente; pesquisar; suportar; aturar; sofrer
to go through the customs
passar pela alfândega
to go to bed
ir deitar-se; ir dormir; deitar-se
to go to law
ir à justiça

to go to school
ir ao colégio
to go to sleep
adormecer
to go to the bottom
ir a pique
to go to the left
ir para a esquerda
to go to the right
ir para a direita
to go together
ir juntos; andar juntos; harmonizar-se
to go too far
ir longe demais; cometer um excesso
to go twice a week
ir duas vezes por semana
to go up
levantar-se; subir; aumentar de preço
to go upstairs
subir (as escadas); ir para cima
to go within
entrar; ir para dentro
to go without
passar sem; não ter
to go wrong
fracassar; sair errado; desencaminhar-se; errar o caminho; perder-se; transviar-se; errar; dar mau resultado; enguiçar; ir mal
God bless you!
Deus te abençoe!
God forbid!
Deus nos livre!
Deus me livre!

G

God knows.
Deus é quem sabe.
Deus é testemunha.
God willing
Se Deus quiser
Good day!
Bom dia!
Good for you!
Parabéns!
good-for-nothing
inútil; imprestável
Good luck!
Felicidades!
Good Lord!
Santo Deus!
good time
momentos agradáveis; bons momentos
Good to see you.
Prazer em vê-lo.
Got it!
Entendi.
Got it?
Entendeu?
(informal)

to graduate from school
diplomar-se; colar grau
Great!
Ótimo!
Joia!
Que joia!
Legal!
to grow a beard
deixar a barba crescer
to grow old
envelhecer
to grow rich
enriquecer
to grow up
crescer; tornar-se adulto; atingir a maturidade
grown-up
pessoa crescida; pessoa adulta
to guess so
pensar que sim
guest of honor (*US*)/ guest of honour (*UK, Can.*)
convidado de honra

H

had better
é melhor; é preferível; seria melhor; seria preferível
had rather
é preferível
half an hour ago
meia hora atrás
half-price
50% de desconto
Hallowed be Thy name.
Santificado seja o Teu nome.
to handle money
lidar com dinheiro
to handle the situation
conduzir a situação
Handle with care!
Cuidado! – Frágil (embalagem)
to hang up
pendurar; desligar (telefone)
happy news
boas notícias
hard feelings
raiva; rancor
hard to deal with
duro de roer
hard-working
muito trabalhador
has been paid for
foi pago
to have a big mouth
ter língua comprida; ser linguarudo
to have a bite
tirar um pedaço
to have a bone to pick with (*someone*)
ter um assunto a decidir com (*alguém*); estar zangado com (*alguém*)
to have a bright idea
ter uma ótima ideia
to have a date
ter um encontro
to have a day off
ter folga; ter o dia de folga
to have a degree in
ser formado em
to have a good command of English
falar bem o inglês
Have a good day!
Até logo!
Tenha um bom dia!
to have a good grasp of
ter boas noções de; conhecer bem; saber a fundo
Have a good night.
Durma bem.
to have a good time (*US; Can.*)
divertir-se; distrair-se
Have a good time!
Divirta-se!
Bom divertimento!
Have a good trip!
Boa viagem!
Have a great day!
Tenha um bom dia!
Até logo!
to have a great time
divertir-se muito

H

to have a hand in it
tomar parte em; participar de
to have a hard time
encontrar dificuldades; passar apertos; estar em situação crítica; estar em situação desesperadora
to have a leave of absence
ter licença para sair
to have a look
dar uma olhada
to have a mind to
ter vontade de; ter desejo de
to have a nap
tirar uma pestana; tirar um cochilo; dormir um pouco
to have a narrow escape from
escapar por um triz de; livrar-se a tempo de
to have a sharp tongue
ser difamador
to have a shower
tomar um banho de chuveiro
Have a nice day!
Até logo!
Tenha um bom dia!
to have a right to
ter o direito de
Have a seat, please.
Sente-se, por favor.
to have a taste for
ter queda para
to have a temperature
estar com febre
to have a word to say
ter algo para dizer
to have a word with (*somebody*)
dar uma palavrinha com (*alguém*); trocar algumas palavras com (*alguém*)
to have an affair with (*somebody*)
ter um caso com (*alguém*); ter um caso amoroso com (*alguém*)
to have at the tip of one's tongue
saber bem de cor; saber na ponta da língua
to have dinner
jantar
to have enough of
estar farto de
to have every reason
ter toda a razão
Have fun!
Divirta-se!
Bom divertimento!
to have fun with
divertir-se com
to have got
ter
to have in common
ter em comum
to have in mind
lembrar-se de; não esquecer; ter em mente
Have it your own way!
Faça como entender!
Faça o que quiser!
to have little money
ter pouco dinheiro
to have lots of money
ter muito dinheiro
to have lunch
almoçar
to have much money
ter dinheiro; estar com a "gaita"
to have no choice
não ter outra alternativa; não ter escolha; não ter alternativa

H

to have no idea
não ter ideia
to have no manners
não ter educação nenhuma
to have no money at all
não ter dinheiro nenhum
to have no part of
não ter nada a ver com
to have no time for (*somebody*)
não ter tempo a perder com (*alguém*); não ter paciência com (*alguém*)
to have no time for (*something*)
não ter tempo a perder com (*alguma coisa*); não ter paciência para (*alguma coisa*)
to have one's way
obter o que deseja; ver os seus desejos cumpridos; fazer o que deseja
to have plenty of
abundar
to have room
caber
to have second thoughts
ter más intenções
to have some shopping to do
ter que sair para fazer compras
to have (*something*) in common with (*someone*)
ter (*algo*) em comum com (*alguém*)
to have supper
cear; tomar a ceia; jantar
to have tea with
tomar chá com
to have the last word
ter a última palavra; dar a palavra decisiva

to have time off
ter tempo livre
to have to
estar na obrigação de; estar no dever de; ser obrigado a
to have to do with
ter a ver com; ter relações com
Have you the time? (*UK, Can.*)
Quantas horas?
Que horas são?
He is not to blame.
Ele não tem culpa.
He is not up to his job.
Ele não está à altura do cargo que ocupa.
He is second to none.
Ninguém o supera.
He'll change his mind.
Ele vai mudar de ideia.
Ele vai mudar de opinião.
He's good for nothing.
Ele não vale nada.
He's stuck now.
Não tem saída.
Atolou.
He's the boss.
Quem manda é ele.
he's on his way now
ele já vem para cá
He that has been bitten by a serpent is afraid of a rope.
Cachorro mordido de cobra tem medo até de linguiça. (Prov.)
He took example of
Ele seguiu o exemplo de
He works in shift.
Ele trabalha por turno.
He works on shift.
Ele trabalha por turno.

H

He writes a good hand.
Ele tem uma boa letra.
to hear both sides
ouvir ambas as partes
heart and soul
de corpo e alma
to heat up
esquentar
Hell is paved with good intentions.
De boas intenções o inferno está cheio. (Prov.)
Hello, everyone!
Oi, gente!
Olá !
(para um grupo)
Hello, there!
Ó de casa!
to help oneself
servir-se
Help yourself!
Sirva-se!
here and there
aqui e acolá; por aí
here below
aqui em baixo
Here lies...
Aqui jaz...
here, there and everywhere
aqui, ali e acolá; por toda parte
Here we are!
Pronto!
Here we go.
Aqui está!
Here we go again!
Outra vez!
(com impaciência)
Here you are.
Aqui está.

Hey, folks!
Olá, pessoal!
Oi, gente!
Hey, gang!
Olá, pessoal!
Oi, gente!
Hey, you!
Você aí!
Hi, all!
Olá, pessoal!
Oi, gente!
Hi, folks!
Olá, pessoal!
Oi, gente!
Hi, there!
Olá!
Oi!
high sea
alto-mar
His bark is worse than his bite.
Cão que ladra não morde.
Muito trovão é sinal de pouca chuva.
(Prov.)
his days are numbered
seus dias estão contados; não vai viver por muito tempo
to hold dear
amar; olhar com afeto
to hold fast
agarrar com força; pegar em; prender; reter; segurar
to hold in high esteem
ter em alto conceito
to hold on
esperar; segurar; aguardar; persistir; continuar; conservar no seu lugar
Hold on!
(interjeição que envolve uma

H

ordem de suspender, parar, fazer alto.)
Hold on, please.
Aguarde um minuto, por favor. (telefone)
to hold one's tongue
calar-se; conservar-se em silêncio
to hold (*someone*) as an example
citar (*alguém*) como exemplo; tornar (*alguém*) como exemplo
to hold the line
aguardar na linha (telefone)
Hold the line, please.
Aguarde na linha, por favor. (telefone)
horse sense
bom senso; senso comum
How about...?
Que tal ...?
How about it?
Que tal?
Que tal isso?
How are you?
Como está?
Como vai você?
Como vai?
Como é que vai?
How are you doing?
Como está?
Como vai você?
Como vai?
Como é que vai?
Como vai passando?
How big?
De que tamanho?
How come...?
Como é que...?
Por que...?
How come?
Como é que pode?
Como se explica isso?
Por quê?
How do I get there?
Como é que eu chego lá?
How do I look?
Como estou?
How do you do.
Prazer em conhecê-lo!
Muito prazer!
How do you feel about it?
Que você acha disso?
Que você pensa a respeito?
Qual a sua opinião a respeito disso?
How do you like that?
Que me diz disso?
How do you see yourself down the road?
Quais são seus planos para os próximos cinco anos?
How does it sound?
Que tal?
How does it work?
Como funciona isto?
How far is it?
A que distância fica?
How far is it to the...?
Qual a distância até o ...?
How have you been?
Como tem passado?
How is business?
Como vão os negócios?
How long?
Quanto tempo?
Até quando?
How long ago?
Há quanto tempo?
Há quanto tempo atrás?
Quanto tempo faz?

H

How long ago was that?
Há quanto tempo atrás foi isso?
Quanto tempo faz isso?
How long does it take to get to...?
Quanto tempo se leva par ir daqui a…?
Quantas horas de viagem daqui a...?
How many?
Quantos?
Quantas?
How much?
Quanto?
Quanta?
Quanto é ?
Quanto custa ?
How much does it cost?
Quanto custa?
How much is it?
Quanto é isso?
Quanto custa isto?
How much is that worth?
Quanto vale isso?
How much longer?
Quanto tempo ainda?
Quanto falta ainda?
How much more?
Quanto falta ainda? (quantidade)
How nice!
Que bom!
Que ótimo!

How nice to see you!
Que prazer em vê-lo!
How now!
Então?
Que significa isto?
How often?
Com que frequência?
How old are you?
Quantos anos você tem?
How's business?
Como vão os negócios?
How's it going?
Como vai você? **How's that?**
Como é?
O que você disse?
Que tal?
How's that possible?
Como é que pode?
How shall I put it?
Como direi?
How should I know?
Sei lá!
Como poderia saber?
How strange!
Que coisa estranha!
How was your trip?
Como foi de viagem?
How wonderful!
Que maravilha!
Hurry up!
Ande depressa!
Ande logo!
Vamos com isso!

I

I agree with you in that regard.
Nesse particular, concordo com você.
I am afraid that...
Sinto muito que ...
I am at your service.
Estou a suas ordens.
Estou às ordens.
I am not interested at all.
Não tenho nenhum interesse.
I am only passing through.
Estou apenas de passagem.
I am sorry!
Desculpe-me!
Perdão!
I am with you.
Estou com você; penso como você.
I apologize.
Desculpe-me.
I beg your pardon.
Queira perdoar-me.
I beg your pardon?
Que disse?
Como?
I believe not.
Creio que não.
I believe so.
Creio que sim.
I can't believe my eyes.
Não acredito no que estou vendo.
Não posso acreditar no que vejo.
I can't imagine.
Não faço ideia.

I'd rather have...
preferiria ter...
I did my best
Fiz todo o possível
I didn't mean to do it.
Fiz sem querer.
Foi sem querer.
I didn't mean to say that.
Eu não quis dizer isto.
I do, too.
Eu também.
Eu também gosto.
I don't care.
Não ligo.
Não faço questão.
Não me importo.
Não me importa.
Não quero.
I don't care for
Não gosto de
I don't get it.
Não entendo isso.
Não dá para entender.
I don't have any money left.
Não tenho mais dinheiro.
I don't know anything about it.
Não sei de nada.
I don't know for sure.
Não sei ao certo.
I don't mind.
Não me importo.
Não ligo.
I don't really care.
Não faço muita questão.

I

I don't see anything wrong with that.
Não vejo nada de mal nisso.
I don't think so.
Creio que não.
Penso que não.
Acho que não.
I don't think that's funny.
Não acho graça.
I enjoyed talking to you.
A conversa foi boa.
I feel cold.
Sinto frio.
I feel fine.
Eu me sinto bem.
I feel hot.
Sinto calor.
I follow orders.
Cumpro ordens.
I fully realize that...
Compreendo muito bem que...
I got a haircut.
Cortei o cabelo.
I had a narrow escape.
Escapei por um triz; escapei por pouco.
I have a check to cash (US)/ I have a cheque to cash (UK, Can.)
Desejo descontar um cheque.
Desejo sacar um cheque.
I have a cold.
Estou resfriado.
I have a headache.
Estou com dor de cabeça.
I have just ...
Acabo de...
I have more than enough.
Tenho de sobra.
I have no money on me.
Não tenho dinheiro comigo.
I have no one to talk to.
Não tenho com quem falar.
I have no place to go.
Não tenho para onde ir.
I have only... left.
Só me resta...
Só me restam...
I have the flu.
Estou gripado.
I haven't seen him for a while.
Não o vejo há algum tempo.
I hope so.
Assim espero.
Espero que sim.
I intend to.
Pretendo fazer isto.
I just got here.
Acabo de chegar.
Cheguei neste instante.
I just talked to him on the phone.
Acabo de falar com ele por telefone.
I know nothing about it.
Não estou sabendo de nada.
Não sei de nada.
I like that!
Era só o que faltava!
É o cúmulo!
I know him by sight.
Eu o conheço de vista.
I know what you mean.
Sei o que você quer dizer.
I missed the point.
Não peguei o sentido.
I'd rather...
eu preferiria...
i. e.
isto é
I'll be back in a second.
Volto já, já.

I'll be back later.
Volto mais tarde.
I'll be back soon.
Volto logo.
I'll be home all day.
Vou ficar em casa o dia todo.
I'll be right back.
Volto já.
I'll be right with you.
Já vou atendê-lo.
I'll be seeing you!
Até à vista!
Até breve!
I'll do my best!
Farei o máximo possível!
Farei o possível!
Farei o que estiver ao meu alcance!
I'll do what I can!
Farei o que eu puder!
I'll fix it.
Dá-se um jeito.
Vou dar um jeito.
I'll give him your message.
Darei o seu recado a ele.
I'll let you know.
Vou avisar você.
I'll say so.
Sim.
Você tem razão.
Eu diria que sim.
Você está certo.
I'll see what I can do.
Vou ver o que posso fazer.
I'll see you later!
Até à vista!
Até breve!
I'll take a look.
Vou dar uma olhada
Vou dar uma olhadela.

I'll think about it.
Vou pensar no caso.
I'll try it on.
Vou experimentá-lo.
I look forward to...
Espero...
I'm afraid...
Sinto muito...; lamento...; infelizmente...
I'm afraid I don't agree.
Sinto muito, mas não concordo.
I'm afraid not.
Infelizmente, não.
I'm afraid you...
Receio que você...
I'm broke.
Estou duro.
Estou liso.
Estou quebrado.
(gíria)
I'm coming.
Já vou!
I'm feeling fine.
Estou ótimo.
I'm fine.
Vou bem.
Estou ótimo.
I'm full.
Estou satisfeito.
(após refeição)
I'm glad to see you.
Estou contente de ver você.
I'm glad you like it.
Que bom que você gostou!
(resposta a elogio)
I'm going to change
Vou mudar a roupa; vou me trocar
I'm homesick.
Estou com saudade de casa.

I

I'm kidding.
Estou brincando.
I'm leaving.
Vou embora.
I'm not in a hurry.
Não tenho pressa nenhuma.
I'm not quite sure
Não tenho bem certeza.
Não estou muito certo.
Não tenho muita certeza.
Não estou bem certo.
I'm not too sure.
Não tenho bem certeza.
Não estou muito certo.
Não tenho muita certeza.
Não estou bem certo.
I'm sorry I'm late.
Peço desculpas pelo atraso.
I'm off.
Vou indo.
I'm off today.
Estou de folga hoje.
Hoje é meu dia de folga.
I'm on my way.
Estou indo embora.
I'm sick and tired of all this!
Estou farto de tudo isso!
I'm sorry!
Sinto muito!
Desculpe-me!
Perdão!
I'm sorry to hear that.
Sinto muito!
I'm sure...
Estou certo de que...
I miss you.
Sinto saudades de você.
I passed the exam.
Passei no exame.

I really don't know.
Não sei mesmo...
Não sei de forma alguma.
Não sei de jeito nenhum.
Não sei de maneira alguma.
I see.
Compreendo.
Entendo.
I see no point
Não vejo vantagem
I should say not!
Está claro que não!
I should say so!
É claro!
Penso que sim!
I thank you from the bottom of my heart.
Agradeço-lhe de todo o coração.
I think not.
Penso que não.
I think so.
Creio que sim.
Penso que sim.
Acho que sim.
I totally agree with you.
Concordo plenamente com você.
I've been cut off.
Cortaram a ligação.
(telefone)
I've never heard of such a thing.
Nunca ouvi tal coisa.
Nunca ouvi falar tal coisa.
I've really felt at home here.
Eu tenho me sentido aqui como se estivesse em casa.
I want to make a collect call.
Quero fazer uma ligação a cobrar.

I want to make this very clear.
Quero deixar isto bem claro.
I want to see the manager.
Quero falar com o gerente.
I was in a hard time.
Passei por maus momentos.
Passei por maus bocados.
Passei por maus pedaços.
I was only kidding.
Eu estava só brincando.
I was wondering
Estava pensando; eu estava curioso por saber
I wish I could!
Quem me dera!
I wish I had time for that.
Quem me dera ter tempo para isso!
I wish you every success.
Sucesso!
I wonder what happened.
Que será que aconteceu?
I won't be long.
Não vou demorar.
I would rather...
Eu preferiria...
I understand nothing about it.
Não entendo nada disso.
if at any time
se a qualquer tempo
if on the other hand
se por outro lado
if only
se ao menos
if possible
se for possível
if that is the case
se esse for o caso; se é assim
If you don't mind.
Se você não se importa.
If you go fast, you'll go fast. (*UK*)
A velocidade que emociona é a mesma que mata. (Prov.)
if you like
se você quiser
if you look carefully
se você olhar bem
If you pay peanuts, you get monkeys.
A economia é a mãe da porcaria. (Prov.)
If you please, ...
Faça o favor de ...
If you wish
Se você quiser
in a bad mood
de mau humor
in a bit
em um momento
in a broad sense
em sentido amplo
in a few years
dentro de alguns anos; dentro de poucos anos
in a fine mess
em boas complicações
in a good mood
de bom humor
in a hurry
às pressas; com pressa
in a like fashion
de modo semelhante; de maneira semelhante
in a little while
dentro em pouco; dentro em breve; daqui a instantes; daqui a pouco; daqui a pouquinho
in a loud voice
em voz alta
in a manner
até certo ponto; por assim dizer

I

in a manner of speaking
por assim dizer
in a moment
daqui a instantes; daqui a pouco; daqui a pouquinho; num instante
in a month's time
dentro de um mês
in a nutshell
em poucas palavras; resumidamente; em resumo; em síntese; em suma
in a way
de certo modo; até certo ponto
in a word
em suma; em resumo; em síntese; numa palavra
in accordance with
de acordo com
in accordance with Brazilian law
de acordo com a lei brasileira
in addition to this
além disso; além disso
in advance
com antecedência
in agreement with
de acordo com; em acordo com
in all
ao todo; no todo
in all conscience
na verdade; em sã consciência
in any case
em todo caso; de qualquer forma; em qualquer caso; de qualquer modo; seja como for
in bad shape
em mau estado
in bed
na cama
in behalf of
no interesse de; em favor de; para bem de
in black and white
por escrito; preto no branco
in brief
em resumo; resumidamente; em poucas palavras; em suma
in case of
em caso de; se
in cases where
nos casos em que
in charge of
encarregado de; a cargo de
in chronological order
por ordem cronológica
in cold blood
a sangue frio; deliberadamente; sem paixão
in common
em comum
in concert
de comum acordo; em harmonia
in connection with
com relação a
in consequence of
em consequência de
in danger
em perigo
in demand
muito procurado
in desperate need of money
com a corda no pescoço
in doing so
ao fazer isso
in doors
em casa; dentro de casa
in doubt
em dúvida; incerto

in due course
em tempo oportuno; oportunamente
in due time
oportunamente; no seu devido tempo
in early autumn
nos primeiros dias do outono; no começo do outono
in early spring
nos primeiros dias da primavera; no começo da primavera
in early summer
nos primeiros dias do verão; no começo do verão
in early winter
nos primeiros dias do inverno; no começo do inverno
in effect
em vigor (lei)
com efeito; realmente; efetivamente
in exchange for
em troca de
in fact
de fato
in foreign currency
em moeda estrangeira
in front of
em frente de; diante de
in full
por extenso; por inteiro; completamente; sem desconto; na íntegra
in general
em geral
in good conditions
em boas condições
in good heart
com boas intenções
in good shape
em bom estado; em boa forma
in good time
a tempo; no tempo oportuno; no devido tempo
in half
pela metade
in haste
às pressas
in large measure
em grande medida
in most cases
na maioria dos casos; na maior parte das vezes
in my hand
em minha mão
in my opinion
na minha opinião
in need of
precisando de
in no case
em hipótese alguma
in no way
de forma alguma; de maneira alguma; de modo algum; de modo nenhum; de nenhum modo
in one's shoes
na mesma situação de alguém
in order that
a fim de que; com a intenção de; para
in order to
a fim de; para; com a intenção de; para
in other words
em outras palavras

I

in pairs
aos pares
in poor condition
em mau estado de saúde
in private
em particular; a sós
in process
em andamento; em curso
in progress
em curso; em andamento
in public
em público
in regard to
com referência a
in season
na época de; em época de
in short
em resumo; em suma; em poucas palavras
in short term
a curto prazo
in some cases
em alguns casos; em alguns casos
in some measure
de algum modo
in some ways
de certo modo
in spite of
apesar de; a despeito de; não obstante
in stock
em estoque
in store
de reserva; em reserva
in such a case
em tal caso; se assim for
in such case
em tal caso; se assim for

in the afternoon
na parte da tarde; de tarde
in the beginning
no princípio; a princípio
in the bloom of youth
na flor da idade
in the bottom of
no fundo de
in the dark
às escuras
in the days of old
outrora; antigamente
in the days of yore
na noite dos tempos
in the daytime
de dia
in the distance
ao longe
in the end
finalmente; por fim; no fim
in the evening
à noitinha
in the event of
em caso de; no caso de; na hipótese de
in the face of
em face de; à vista de; na presença de
in the final stages
na fase final
in the flesh
em carne e osso
in the fly
no voo; em voo
in the forest
na floresta
in the front rows
nas primeiras filas (auditório, etc.)
in the least
no mínimo

in the literal sense
no sentido literal
in the long run
com o tempo; com o passar do tempo; por fim; por último
in the meantime
nesse meio tempo; entretanto; enquanto isso
in the middle of
no meio de
in the Middle Ages
na Idade Média
in the midst of
no meio de
in the morning
de manhã; na parte da manhã
in the name of
em nome de
in the near future
em futuro próximo
in the same manner
da mesma maneira
in the open air
ao ar livre
in the rain
na chuva
in the red
com prejuízo; em débito; no vermelho; com prejuízo; com saldo devedor; com perdas financeiras
in the sun
ao sol
in the twinkling of an eye
num abrir e fechar de olhos; num piscar de olhos; num momento
in the very act
em flagrante; no próprio ato
in the way
impedindo; no caminho; estorvo; obstáculo; indesejável
in there
lá dentro
in these days
hoje em dia; na época de hoje
in these times
nos tempos de hoje; nos dias que correm
in this regard
quanto a isso
in this respect
a este respeito
in those days
naquele tempo; naquela época
in time
a tempo; no devido tempo
in times of trouble
nas horas difíceis
in today's society
na sociedade atual
in touch
em ligação com; interessado em
in vain
em vão
in various ways
de diversas maneiras
in view of
em vista de; à vista de
in wonder
maravilhado
to incline one's ear
atender; dar ouvido; ouvir com benevolência; prestar atenção
to incline toward (*someone*)
inclinar-se em direção a (*alguém*)
to incline toward (*something*)
inclinar-se em direção a (*algo*)

I

Income tax
Imposto de renda
**to indorse a check (US)/
to endorse a cheque (UK)**
endossar um cheque
inner city
subúrbios; favelas; periferias (coloquial)
instead of
em vez de; em lugar de; ao invés de
to introduce (someone) to (someone)
apresentar (*alguém*) a (*outra pessoa*)
Is that all?
É só isso?
Isso é tudo?
Is that all right?
Assim está bem?
Is that so?
Ah, é?
Is there anything I can help you with?
Posso ajudá-lo em alguma coisa?
It all depends.
Isso depende.
It beats me.
Não compreendo.
Não entendo.
It doesn't do any good.
Não adianta.
Não adianta nada.
De nada adianta.
It doesn't matter.
Não interessa.
Não faz mal.
Isso não tem importância.
Tanto faz.
Não importa.
Não tem importância.
It doesn't pay.
Não vale a pena.
Não compensa.
It doesn't pay off.
Não compensa.
Não vale a pena.
It doesn't work.
Não dá resultado.
Não surte efeito.
it follows that
conclui-se que
It has come to pass like this:
Aconteceu o seguinte:
it is a shame
é uma vergonha
it is all the same to me
não me faz diferença; para mim, tanto faz
it is beyond me
não depende de mim; não está em minhas mãos; está fora do meu alcance; está além dos meus conhecimentos
It is my pleasure to...
O prazer é meu de ...
It is no go.
É inútil.
Isto não anda.
it is not proper
não fica bem
it is not that much
nem tanto; nem tanto assim; não tanto; não tanto assim
It is out of the question.
É impossível.
Está fora de cogitação.
it is under repair
está em conserto

it is well known
é bem conhecido
it is your go
é a sua vez
It is your turn.
É a sua vez.
it looks like rain
está ameaçando chuva; parece que vai chover
it makes no difference
não importa; dá no mesmo; não faz diferença nenhuma; tanto faz
It makes no difference to me.
Para mim, tanto faz.
Para mim, dá na mesma.
It might be months, it might be years.
Tanto pode ser daqui a meses, como pode ser daqui a anos.
It might be tomorrow, it might be weeks.
Tanto pode ser amanhã, como pode ser daqui a semanas.
It might work.
Talvez dê certo.
it more than pays
dá grande lucro
It pays off!
Compensa!
Vale a pena!
It's a deal.
Está combinado.
Está feito.
O negócio está fechado.
it's a long way
é muito distante
It's a lot of headaches.
Dá muita dor de cabeça.
It's a pleasure.
É um prazer.

It's a small world.
Como esse mundo é pequeno! (Prov.)
It's all in a lifetime.
Isso acontece uma vez na vida.
It's all over!
Acabou.
Está tudo terminado.
It's all your fault.
A culpa é toda sua.
Você é o único culpado.
It's all yours.
Está às suas ordens.
É todo seu.
It's getting colder.
Está esfriando.
It's getting hotter.
Está esquentando.
It's good for nothing.
Não presta para nada.
It's hard to believe.
Parece mentira.
It's me.
Sou eu.
It's my way of thinking.
É meu modo de pensar.
It's nice!
Que ótimo!
It's no go.
Não dá pé. (gíria)
It's no good.
Não presta.
Não serve.
Não serve para nada.
Não vale a pena.
It's no joke.
Não é brincadeira.
Estou falando sério.
É sério.

I

It's no joking.
Não é brincadeira.
Estou falando sério.
É sério.
It's no use.
Não adianta.
Não adianta nada.
Não serve de nada.
Não vale a pena.
It's no wonder that...
Não é de admirar que...
It's none of your business.
Não é da sua conta.
It's not fair.
Não é justo.
Assim não vale.
It's not rocket science.
Não é complicado.
It's not what I mean.
Não é isso que eu quero dizer.
It's not worth it.
Não vale a pena.
It's over.
Terminou.
Está acabado.
It's something else.
A razão é outra.
It's ten minutes walk.
Demora dez minutos a pé.
It's up to you.
Isto depende de você.
Compete a você.
Está em suas mãos.
Você é quem sabe.
It's worth it.
Vale a pena!
It sounds great.
Isto parece formidável.
It was a long day.
Foi um dia de muito trabalho.
Foi um dia difícil.
It was a week that...
Fez uma semana que...
It will be fun.
Vai ser divertido.
It will be a pleasure.
Será um prazer.
It won't do any good.
Não vai adiantar nada.
Não vai adiantar.
It won't last forever.
Um dia a casa cai.
It won't take long.
Não vai demorar.
It won't work.
Não vai dar certo.
Não dá certo.
It would have been worse.
Teria sido pior.

J

jack of all trades; jack-of-all-trades
pau-para-toda-obra; homem capaz de tudo
to join hands
dar-se as mãos; aliar-se num empreendimento
to join the navy
alistar-se na marinha
to jump for joy
pular de alegria; saltar de alegria
to jump to conclusions
tirar conclusões apressadas
just a little while ago
agorinha mesmo
Just a minute!
Um momento!
Um minuto só!
Just a moment, please.
Um momento, por favor!
Espere um minuto, por favor!
just before
na véspera
Just fine, thanks.
Bem, obrigado.

just in case
por via das dúvidas; por precaução
just in time
bem na hora
just like me
assim como eu
just now
agora mesmo; há pouco; ainda há pouco; neste instante; neste momento (passado)
just so
em excelente ordem; em perfeitas condições
Just that.
Nem mais, nem menos.
Just the opposite is true.
O contrário é verdade.
just the same
em qualquer caso; o mesmo
Just think!
Imagine só!
Justice of the Supreme Court
Ministro da Suprema Corte

K

to keep a correspondence with
manter correspondência com
to keep a record of it
tomar nota disso
to keep a secret
guardar um segredo
to keep an eye on
ficar de olho em; vigiar; examinar algo regularmente; espreitar; observar cuidadosamente; prestar atenção a
to keep an open mind
manter-se imparcial
to keep at work
conservar-se firme no trabalho
to keep away
afastar-se; manter afastado; ausentar-se; manter-se à distância; conservar-se afastado
to keep cool
permanecer calmo; manter-se calmo; não perder o domínio
to keep counsel
guardar consigo as próprias opiniões; guardar consigo os próprios intentos, etc.; guardar segredo
to keep from evil
livrar do mal
Keep going.
Continue andando.
to keep in mind
lembrar-se de; não esquecer; ter em mente

to keep one's countenance
guardar compostura; esconder as próprias emoções; não se trair
to keep (*something*) in mind
lembrar-se de (*algo*); ter (*algo*) em mente; não esquecer-se de (*algo*); pensar em (*algo*); meditar em (*algo*)
to keep in touch with someone
manter-se em contato com alguém; comunicar-se com alguém; manter contato com alguém
Keep in touch!
Mande notícias!
to keep indoors
conservar-se recolhido em casa
Keep it to yourself.
Guarde esse segredo só para você.
Guarde isso para você.
Keep on working.
Continue trabalhando.
to keep one's distance
manter-se a distância; esquivar-se de; mostrar-se reservado
to keep one's head
manter a cabeça fria; manter a calma; não perder a cabeça; saber dominar-se; conservar a serenidade; saber ser calmo; manter-se com calma
to keep one's temper
manter-se calmo

K

to keep one's word
manter a palavra; cumprir a palavra
to keep out
não entrar; impedir a entrada; afastar; impedir a entrada; não deixar entrar
to keep out of sight
esconder-se; estar oculto
to keep quiet
calar-se; ficar quieto; permanecer quieto; permanecer onde está
to keep talking
continuar a falar
to keep the books
fazer a escrita
to keep the field
dar prosseguimento às operações (mil.)
to keep the mouth shut
não falar; não cometer indiscrições
to keep to a promise
manter uma promessa; cumprir uma promessa
to keep to oneself
manter em segredo
to keep track of
não perder de vista; acompanhar o desenvolvimento de; seguir o desenvolvimento de; acompanhar o curso de; seguir o curso de; manter em dia; estar informado; registrar; anotar; observar
Keep up the good work.
Continue o bom trabalho.
to keep up with
manter o mesmo nível que; manter a mesma velocidade que; guardar a mesma velocidade que; manter o mesmo ritmo que; não desanimar de; não deixar cair; seguir o mesmo passo que
Keep your big mouth shut!
Cala a boca, tagarela!
Cale a boca, tagarela!
(gíria mal-educada)
Keep your head.
Não perca a cabeça.
Keep your mouth shut!
Cala a boca!
Cale a boca!
(gíria mal-educada)
kind of
mais ou menos; um pouco; aproximadamente; bastante (informal)
Kindly accept our apologies.
Aceite nossas desculpas, por favor.
to kneel down
ajoelhar-se; dobrar os joelhos
to knock at the door
bater na porta; bater à porta
to know by name
conhecer de nome
to know by sight
conhecer de vista; conhecer mal
to know for sure
saber com certeza
to know how to
saber
know-it-all
sabichão
Know it all!
Saiba tudo!
Seja um sabichão!
to know no bounds
não ter limites
Knowledge is power.
Do saber vem o ter. (Prov.)

L

labor pains (*US*)/ labour pains (*UK*)
dores de parto
Ladies room
Toalete público feminino
lame duck
devedor insolvente
last night
ontem à noite
last summer
verão passado
last week
semana passada
late afternoon
no final da tarde
late at night
a altas horas da noite
late in autumn
nos últimos dias do outono; no final do outono
late in spring
nos últimos dias da primavera; no final da primavera
late in summer
nos últimos dias do verão; no final do verão
late in winter
nos últimos dias do inverno; no final do inverno
later in the week
na mesma semana
later on
mais tarde; depois
later this month
ainda este mês; ainda neste mês; no fim do mês

to launch an attack
lançar um ataque
to lay a corner-stone
lançar uma pedra fundamental
to lay a fire
acender o fogo
to lay a table
pôr uma mesa
to lay aside
guardar; reservar; economizar (dinheiro);
pôr de lado; abandonar; esquecer; rejeitar; largar;
to lay before
submeter à consideração de
to lay down
reclinar; pôr numa posição de descanso; pôr no chão; deitar-se
to lay off
suspender (o trabalho); despedir (trabalhador);
demitir temporariamente; dispensar (alguém do trabalho)
to lay the blame on
pôr a culpa em; deitar a culpa em; lançar a culpa em
to lay the foundation of
lançar a pedra fundamental de; assentar a primeira pedra de
to lay up
guardar; acumular; ajuntar
to lead the way
ir adiante; ir à frente; mostrar o caminho; guiar; dirigir-se; encaminhar-se; assumir a direção

to leap for joy
estar muito feliz; saltar de alegria
to learn by heart
decorar; memorizar
to leave alone
deixar só; deixar em paz; não incomodar; não tocar em; não se envolver em; não se meter com; deixar quieto; não perturbar
to leave behind
deixar atrás
to leave home
sair de casa
to leave it up to him
deixar por conta dele
leave of absence
período de folga (do servidor público ou soldado)
to leave school
sair da escola
to leave something open
deixar em suspenso
Leave that to me.
Deixe comigo.
to legislate against (*something*)
proibir (*algo*); aprovar uma lei contra (*algo*)
to lend (*someone*) a hand
ajudar (*alguém*)
to let alone
deixar em paz; não incomodar; não se meter com; não intervir em; deixar só
Let it be so.
Assim seja.
Let me check.
Deixe-me ver.
Let me help you.
Deixe que eu ajude você.
Let me know.
Avise-me.
Let me see
Deixe-me ver.
Vejamos.
Espere um pouco.
Let me think.
Deixe-me ver.
Let's call it quits.
Vamos dar por encerrado.
Let's change the subject.
Vamos mudar de assunto.
Let's face it.
Vamos encarar os fatos.
Let's forget it.
Não se fala mais nisso.
Let's go!
Vamos!
Vamos embora!
Let's go for a walk.
Vamos dar uma volta a pé.
Let's hope so!
Quem dera!
Esperemos que assim seja!
let's say
digamos; por exemplo
Let's see.
Vamos ver.
Let's take a break.
Vamos fazer um intervalo.
Let's take a look.
Vamos dar uma olhada.
Let sleeping dogs lie.
Não mexas em casa de marimbondos.
Não procure sarna para se coçar.
Não acordeis o cão que dorme (Camões). (Prov.)
Let us put this way.
Vamos considerar desta forma.

L

to let (*someone*) alone
deixar (*alguém*) só
to let (*someone*) know
informar; avisar; mandar dizer; notificar; dar a conhecer
let us agree that...
convenhamos que...
Life goes on.
A vida continua.
to like better
gostar mais
Like father, like son.
Tal pai, tal filho.
Filho de peixe peixinho é.
Filho de peixe sabe nadar.
Cara de um, focinho de outro. (Prov.)
Like it or not
Quer queira, quer não queira; Quer queiram, quer não; Queira ou não queira
Like mother, like daughter.
Tal mãe, tal filha.
Filho de peixe peixinho é.
Filho de peixe sabe nadar.
Cara de uma, focinho de outra. (Prov.)
to line up (*US*)
fazer fila; formar uma fila
little by little
aos poucos; pouco a pouco
to live a few miles away
morar algumas milhas daqui
to live a long way off
morar muito longe daqui
Live and learn.
Vivendo e aprendendo.
Nunca é tarde para aprender.
Quanto mais se vive, mais se aprende. (Prov.)

to live it up
desfrutar a vida
to live over there
morar ali
to live very far away
morar, muito longe
to live without (*something*)
sobreviver sem (*algo*); viver sem (*algo*)
to lobby against (*something*)
fazer "lobby" contra (*algo*); formar um grupo de pressão contra (*algo*)
to lock with a key
fechar à chave
long ago
há muito tempo
long distance call
ligação telefônica interurbana; ligação telefônica internacional
to long for
ter saudades de
to look after
tomar conta de; cuidar de
to look ahead
pensar no futuro
to look alike
parecer-se
to look as if
dar a impressão de que; parecer que
to look at the bright side
pensar nas coisas boas; ser otimista
to look back
olhar para trás; recordar o passado; refletir
to look back at someone
refletir sobre alguém
to look back at something
refletir sobre algo

L

Look before you leap.
Prevenir é melhor do que remediar. (Prov.)
to look behind
olhar para trás
to look down at (*someone*)
olhar (*alguém*) com desprezo; desprezar (*alguém*), abaixando os olhos
to look down at (*something*)
olhar (*algo*) com desprezo; desprezar (*algo*), abaixando os olhos
to look down on (*someone*)
olhar (*alguém*) com desprezo; desprezar (*alguém*), abaixando os olhos
to look down on (*something*)
olhar (*algo*) com desprezo; desprezar (*algo*), abaixando os olhos
to look down upon (*someone*)
olhar (*alguém*) com desprezo; desprezar (*alguém*), abaixando os olhos
to look down upon (*something*)
olhar (*algo*) com desprezo; desprezar (*algo*), abaixando os olhos
to look forward to
aguardar; esperar (ansiosamente)
to look good
ter boa aparência
Look here!
Olhe!
to look into
investigar; examinar
to look like
parecer-se com; parecer que; parecer provável; estar para

to look on (*something*) as a certainty
ter (*algo*) como certo
to look out
ter cuidado; vigiar; tomar precaução
Look out!
Tenha cuidado!
Cuidado!
Look out, there!
Cuidado aí!
to look over
examinar; corrigir; inspecionar
to look through
examinar o conteúdo de; inspecionar; entender perfeitamente
to look up
procurar
(no dicionário)
to lose faith in
ter dúvida de; duvidar de
to lose ground
perder terreno; recuar; tornar-se menos eficiente
to lose one's head
perder a cabeça
to lose one's temper
irritar-se; encolerizar-se
to lose one's way
errar o caminho; perder-se; perder o rumo
to lose patience
perder a paciência
to lose sight of
perder de vista; deixar de ver
Love is blind.
O amor é cego.

M

made by hand
feito à mão
maiden name
sobrenome de solteira
to make a checkup
fazer um exame clínico geral
to make a choice
escolher; fazer uma escolha
to make a clean copy of
passar a limpo
(rascunho, etc.)
to make a collection
fazer uma coleta
to make a comparison between
fazer uma comparação entre
to make a complaint
fazer uma queixa; fazer uma reclamação
to make a confession
fazer uma confissão
to make a contract
fazer um contrato
to make a contribution
doar; ofertar; fazer uma doação
to make a date
marcar um encontro; marcar uma entrevista
to make a deal with
combinar com; negociar com; fazer um acordo com
to make a decision
decidir; tomar uma decisão
to make a declaration
fazer uma declaração
to make a difference
importar; ter importância; fazer diferença; ser a diferença
to make a discount
dar um desconto
to make a discovery
fazer uma descoberta
to make a down payment
dar uma entrada; dar um sinal (comercial)
to make a fool of
enganar; fazer de bobo; ridicularizar
to make a fool of oneself
fazer asneira; tornar-se ridículo; fazer escárnio de; ridicularizar
to make a fortune
fazer fortuna
to make a fresh start
recomeçar; fazer de novo
to make a friend
fazer uma amizade
to make a gesture
fazer um gesto
to make a getaway
escapulir
to make a good impression
causar boa impressão
to make a good job
fazer uma tarefa com perfeição
to make a journey
fazer uma viagem
(por terra)

M

to make a large profit
auferir grande lucro
to make a living
ganhar a vida
to make a long-distance call
fazer uma ligação interurbana
to make a mess of
fazer uma bagunça; estragar; sujar; desarrumar (gíria)
to make a mistake
enganar-se; cometer um erro
to make a name for himself
tornar-se famoso
to make a noise
fazer barulho
to make a note of it
anotar isso; tomar nota disso
to make a payment
fazer um pagamento
to make a phone call
telefonar; dar um telefonema
to make a plan
fazer um plano
to make a promise
prometer; fazer uma promessa
to make a purchase
fazer uma aquisição
to make a receipt
preencher um recibo
to make a remark
fazer uma observação; escrever uma nota
to make a report
fazer um relatório
to make a request
fazer um pedido
to make a reservation
fazer uma reserva (hotel, etc.)

to make a sacrifice
fazer um sacrifício
to make a search
dar uma busca
to make a test
fazer uma experiência; fazer um teste
to make allowance for
tomar em consideração; levar em conta
to make an adjustment
fazer um ajuste
to make an agreement
fazer acordo; entrar em acordo
to make an alliance
fazer uma aliança
to make an announcement
fazer um anúncio
to make an apology
desculpar-se; dar desculpa
to make an appointment
fixar uma data; marcar uma entrevista; marcar um encontro
to make an arrangement
arranjar; fazer um acordo; fazer um ajuste
to make an ass of oneself
proceder estupidamente; fazer papel de bobo
to make an attempt
fazer uma tentativa
to make an effort
esforçar-se; fazer um esforço
to make an end of
finalizar
to make an error
cometer um erro; errar
to make an exception
fazer exceção; fazer um acordo

M

to make an excuse
desculpar-se; dar uma desculpa
to make an impression on
influenciar
to make an inquiry
fazer uma consulta
to make an intercession
interceder
to make an offer
ofertar; fazer uma oferta
to make application to
requerer; fazer petição a; candidatar-se a; matricular-se em; inscrever-se em
to make choices
escolher
to make clear
esclarecer
to make concessions
fazer concessões
to make contact
contactar; contatar
to make excuses
dar desculpas
to make eye contact
olhar nos olhos
to make friends with
tornar-se amigo de; fazer amizade com
to make fun of
fazer pouco caso de; fazer pouco de; rir-se de; fazer gozação de; ridicularizar; caçoar de; debochar de; zombar de
to make good sense
valer a pena
to make haste
apressar-se

Make hay while the sun shines.
Malha no ferro enquanto está quente.
Malha o ferro enquanto está quente. (Prov.)
to make inquiries
colher informações
to make it possible
tornar possível
to make love
namorar; amar; afagar; acariciar
to make money
ganhar dinheiro; faturar (com trabalho)
to make myself understood
fazer-me compreender
to make no difference
não fazer diferença; não fazer mal
to make no doubt
assegurar
to make noise
fazer barulho
to make notes
tomar notas
to make one's living
ganhar a vida; ganhar o seu sustento
to make one's mind
tomar uma decisão; conformar-se
to make oneself at home
pôr-se à vontade
to make oneself understood
fazer-se compreender
to make peace
fazer as pazes; pacificar
to make plans
fazer projetos

M

to make progress
progredir; fazer progressos
to make ready
aprontar-se; preparar-se
to make reference to
fazer referência a
to make room for
dar lugar para; abrir passagem para; desimpedir o caminho para; criar espaço para; afastar-se para dar lugar a (*alguém*); abrir lugar para
to make sense
fazer sentido; ter sentido
to make some contacts
fazer alguns contatos
to make something short
resumir algo
to make something up
inventar algo; forjar algo
to make sure of
certificar-se de; verificar; assegurar-se de; precaver-se contra (um mau êxito)
to make sure that
certificar-se de que; assegurar que; garantir que
to make the bed
estender a cama; arrumar a cama
to make the best of
fazer o melhor possível
to make the law
fazer uma lei
to make the most of
tirar o máximo proveito de; aproveitar as oportunidades
to make things easier
para facilitar as coisas

to make things worse
e o pior de tudo; e ainda por cima; e para piorar; para piorar as coisas
to make up
inventar; imaginar; enfeitar-se; maquiar-se
to make up a bed
estender os lençóis
to make up fire
atiçar fogo
to make up one's mind
decidir-se; resolver; deliberar; concluir; chegar a uma conclusão; tomar uma decisão; decidir
to make use of
fazer uso de; empregar; usar; utilizar-se de; servir-se de
to make war against
guerrear contra; fazer guerra a
to make way
abrir caminho; arranjar espaço; arranjar lugar; abrir passagem; desimpedir o caminho
Make yourself at home!
Esteja à vontade!
Fique à vontade!
A casa é sua!
man and wife
marido e mulher
to manage to
conseguir
to match colors (*US*)/ to match colours (*UK, Can.*)
combinar cores
May I?
Dá licença?
Posso?

M

May I ask your name?
Qual é o seu nome?
May I have your attention, please.
Atenção, por favor.
May I help you?
Pois não?
Em que posso servi-lo?
May I leave a message?
Posso deixar um recado?
May I say who is calling?
Quem deseja falar com ele? (telefone)
May I take your order?
Pois não?
Em que posso servi-lo?
to meet the challenges
enfrentar os desafios
to meet the demands
preencher os requisitos; atender às necessidades
to meet the expectation
corresponder à expectativa
to meet the need
atender às necessidades
to meet the needs
atender às necessidades; satisfazer às necessidades
to melt down
descongelar; fundir
to mess someone up
trazer confusão a alguém
to mess something up
trazer confusão a algo
Mind the step!
Cuidado com o degrau!
Mind your own business.
Vá cuidar de sua vida!
Cuide da sua vida!
Cuide de sua própria vida!

to miss the boat
perder a oportunidade; cometer um engano; dormir no ponto
to miss the bus
perder a oportunidade; cometer um engano; dormir no ponto
to miss the point
não perceber o sentido exato
to mix someone up
confundir alguém
Monday through Friday
de segunda à sexta
Money does not grow on trees./ Money doesn't grow on trees.
Dinheiro não é capim.
Dinheiro não dá em árvore. (Prov.)
more and more
cada vez mais
more or less
mais ou menos; aproximadamente
more than enough
mais do que suficiente; para dar e vender; de sobra
more than ever
mais do que nunca
most likely
com muita probabilidade; muito provavelmente; com toda a certeza
most of it
a maior parte
most of the time
a maior parte do tempo; quase sempre; no mais das vezes; na maior parte do tempo
most of them
a maioria deles

M

most of us
a maioria de nós
most people
a maior parte das pessoas
most probably
com muita probabilidade; muito provavelmente
much the same
quase o mesmo; praticamente o mesmo; com diferença insignificante
My apologies.
Desculpe-me.
Peço desculpas.

My mind is made up.
Já me decidi.
My opinion is still the same.
Continuo com a mesma opinião.
My pleasure!
De nada!
Não há de quê!
Por nada!

N

to name a few
eis aqui alguns como exemplo
national anthem
hino nacional
national holidays
feriados; dias de festas nacionais dos EUA
needless to say
desnecessário dizer
neither here nor there
fora do assunto; sem importância; sem valor; sem significação no caso considerado
Never again!
Nunca mais!
Never fear!
Não tenha receio!
never mind
não importa; não faz mal
Never mind!
Pode deixar!
Não faz mal!
Não se incomode!
Não se importe!
Não importa!
Não tem importância!
Never mind that!
Pode deixar isso!
Isso não faz mal!
Não se incomode com isso!
Isso não importa!
Isso não tem importância!
next door
a casa ao lado; vizinho; na casa ao lado

next time
da próxima vez
next to nothing
quase nada; muito pouco
Nice to meet you!
Prazer em conhecê-lo!
Muito prazer em conhecê-lo!
Nice to see you again!
Prazer em revê-lo!
night and day
de dia ou de noite
night shift
turno noturno de trabalho
no doubt
sem dúvida
No doubt about it.
Não tenho dúvida.
Não há dúvidas.
Não tem nem dúvida.
No excuses!
Nada de desculpas!
No fear!
De forma alguma!
De jeito nenhum!
Não há perigo algum!
No funds
Sem fundos
(palavras carimbadas em cheques)
No go.
Nada feito.
Inútil.
Inoperante.
Sem valor.
No ifs, ands or buts.
Sem discussão.

N

É isto.
Acabou a conversa.
no joking
fora de brincadeira; falando sério
No kidding.
Falando sério.
Sem brincadeira!
Fora de brincadeira.
No duro!
Não brinque!
no longer so
não mais assim.
no matter
não importa; não faz mal
no matter how
não importa como
no matter what happens
aconteça o que acontecer
no matter when
não importa quando
no matter where
não importa onde
no matter who
não importa quem
no more
não mais
No need to apologize.
Não precisa se desculpar.
No need to be afraid.
Não precisa ter medo.
No parking here.
Não estacione aqui.
No phone calls, please.
Não atendemos por telefone.
No problem.
De nada!
Não há de quê!
(resposta a **thanks**, **thank you**, etc.)

No problem at all.
Não houve nenhum problema.
Tudo certo.
Não há problema algum.
No Smoking
Proibido Fumar
(avisos, etc.)
no sooner than
logo que
No trespassing
Entrada proibida
É proibida a passagem
(avisos, etc.)
No way!
De jeito nenhum!
De forma alguma!
Nada feito!
Não tem jeito!
No wonder!
Pudera!
no wonder that
não é de admirar que; não há que estranhar que; não admira que
Nobody is too old to learn.
Nunca é tarde demais para aprender. (Prov.)
Nobody's perfect.
Ninguém é perfeito. (Prov.)
None of your business.
Não é da sua conta.
not always
nem sempre
Not approved!
Não apoiado!
not as bad as that
não tão mau assim
not as cold as that
não tão frio assim
Not as far as I know.
Não que eu saiba.

N

not as far as that
não tão longe assim
not as good as that
não tão bom assim
not as high as that
não tão alto assim
not as hot as that
não tão quente assim
not as low as that
não tão baixo assim
Not at all.
De nada!
Não há de quê!
Por nada!
(resposta a **thanks**, **thank you**, etc.)
Absolutamente.
De forma nenhuma.
De maneira nenhuma.
De modo nenhum.
De jeito nenhum.
not bad
nada mal
not by any means
de jeito nenhum
not even
nem ao menos; nem sequer
Not for the time being.
Por ora, não.
Not like that!
Assim não!
not long ago
não muito tempo atrás; ainda há pouco; não faz muito tempo; não há muito tempo
Not much.
Não muito.
not often
poucas vezes

not really
nem tanto; até que não
not right away
não imediatamente
not so long ago
ainda há pouco
not that much
nem tanto assim; não tanto assim
not that way
assim não
not to mention
sem falar de
not to my knowledge
não que eu saiba
not too often
com pouca frequência
Not true!
Não é verdade!
not yet
ainda não
Not yet!
Ainda não!
nothing but
nada senão; exceto
nothing of the sort
nada disto
now and again
uma vez ou outra; de vez em quando; ocasionalmente
now and then
de vez em quando; de tempos em tempos; ocasionalmente
now or never
agora ou nunca
Now what?
E agora?
number one priority
prioridade número um

O

O. K./ OK/Okay
Joia!
Legal!
(gíria)
occasional showers
pancadas de chuvas esparsas
Occasional showers during the day.
Chuvas esparsas no decorrer do dia.
to occupy oneself with
ocupar-se com
of age
de maior idade
of all kinds
de todas as espécies
Of course!
Claro!
Claro que sim!
Of course not!
Claro que não!
of good financial standing
de boa situação financeira
of great importance
de grande importância
of its kind
do seu gênero
of no effect
sem efeito; inútil
of no use
inútil
of old
dos tempos de outrora; de antigamente

of yore
dos tempos de outrora; de antigamente
often times
frequentemente
Oh boy!
Puxa vida!
Oh, come on!
Ora, vamos!
Oh! dear.
Puxa vida!
Oh, I'm so sorry to hear that.
Que pena!
Oh - stop it!
Que é isso!
(resposta a elogio)
Oh, that's too bad!
Oh, isso é muito ruim!
old-fashioned
antiquado; fora da moda
Old Glory
bandeira americana
on a commission basis
em comissão
on a daily basis
diariamente
on a diet
de dieta
on a grand scale
em larga escala;
em grande quantidade
on a large scale
em larga escala; em grande escala
on a small scale
em pequena escala

O

on a sudden
de repente; de improviso
on an average
em média
on and on
continuamente
on arriving home
ao chegar em casa
on behalf of
em nome de; como representante de; da parte de; em favor de
on board
a bordo
on business
a serviço; a negócios
on call
de plantão (taxi, médico, enfermeira, etc.)
on Christmas Eve
na véspera do Natal
on comission
em comissão
on demand
mediante pedido; quando solicitado; a pedido
on duty
de serviço
on earth
na terra
on fire
pegando fogo; em chamas
on foot
a pé
on his way to work
a caminho do trabalho
on holiday
em férias
on instalments
a prestação; a prazo

on leave
de licença; em licença
on my way back
no meu regresso
on New Year's Eve
na véspera do Ano Novo
on page X
na página X
on parole
em liberdade condicional
on purpose
propositadamente; de propósito; premeditadamente
on record
protocolado; registrado
on sale
à venda; em liquidação
on schedule
no horário; no prazo estipulado
on short notice
logo após o aviso prévio; com aviso prévio; com pouco prazo
on TV
na televisão
on television
na televisão
on the contrary
ao contrário; justamente o contrário; pelo contrário
on the edge of
na beira de
on the eve
na véspera
on the go
em atividade; ocupado; numa roda-viva; em ação
on the ground
no chão
on the left
à esquerda

on the morrow
no dia seguinte
on the one hand... on the other hand
por um lado...; por outro lado
on the other hand
por outro lado
on the radio
no rádio
on the right
no lado direito; à direita
on the right side
no lado direito; à direita
on the right-hand side
no lado direito; à destra
on the road
em viagem
on the spot
no mesmo lugar
on the stock market
no mercado de capitais; no mercado de valores
on the table
sobre a mesa
on the telephone
ao telefone
on the tip of my tongue
na ponta da língua
on the top of
em cima de
on the top of that
além de tudo isso; em cima de tudo isso
on the verge of
a ponto de; na iminência de
on the waterfront
à beira do cais
on the way
a caminho; em progresso; em via de acabamento
on the way back
ao retornar; de volta; ao regressar; na volta
on the way home
a caminho de casa
on the way out
na saída
on the weekend (US)
no fim de semana
on the whole
de modo geral; de forma genérica; de uma forma geral
on time
em cima da hora; a tempo; na hora certa; no horário; pontualmente
on top
em cima; no topo
on top of all that
como se não bastasse; ainda por cima de tudo
on top of that
como se não bastasse; ainda por cima
on weekends
nos fins de semana
once again
mais uma vez
once and for all
de uma vez por todas
Once bitten, twice shy.
Macaco velho não pisa em taquara seca.
(Prov.)
once for all
de uma vez por todas
once in a while
de vez em quando; uma vez ou outra; de tempos em tempos; acidentalmente

O

once more
mais uma vez; de novo; outra vez
once or twice
poucas vezes; uma vez ou outra
one at a time
um de cada vez; um por vez
one by one
um a um; um por um; um após outro
One makes the best of a bad job.
Quem não tem cão, caça com gato. (Prov.)
One minute!
Um minuto!
Um momento!
One minute, please.
Um minuto, por favor!
Um momento, por favor!
One moment, please.
Um momento, por favor!
Um minuto, por favor!
One never knows.
Nunca se sabe.
A gente nunca sabe.
one of these days
qualquer dia destes; dentro de pouco tempo; brevemente
one of us
um dos nossos; um de nós
one step at a time
um passo de cada vez
one thing at a time
uma coisa por vez
one way or another
de um modo ou de outro; de uma forma ou de outra
one way or the other
de um modo ou de outro; de uma forma ou de outra
one with
igual a; junto com
to open an account
abrir uma conta
to open fire
abrir fogo
to open something up
abrir algo
opposite to
em frente de
or in other words
ou em outras palavras
or so
ou coisa parecida; perto disto; ou mais ou menos; cerca
other than
a não ser; à exceção de; com exceção de; exceto
our best wishes go with you
desejamos a você o melhor
our daily bread
o pão nosso de cada dia
out of
dentre
out of danger
fora de perigo
out of doors
fora de casa; ao ar livre
out of fashion
fora de moda; desusado
out of order
atrapalhado; desarranjado; quebrado; estragado; fora de funcionamento; enguiçado (aparelho, máquina, etc.)
out of place
fora de lugar; impróprio; inconveniente
out of print
esgotado (livro)

out of service
fora de uso; fora de serviço
out of stock
em falta; esgotado (artigo)
out of the question
fora de cogitação; impraticável; irrealizável
out of tune
desafinado
out of use
fora de uso
out of work
desempregado
out there
lá fora
out-of-town
fora da cidade
over a long period of time
por um longo período
over again
outra vez; novamente; de novo
over and over
com insistência; de forma repetida; com frequência; repetidamente; muitas vezes; frequentemente; mais e mais
over and over again
mais e mais; repetidamente; repetidas vezes; muitas vezes; de forma repetida; com frequência; frequentemente

over the centuries
através dos séculos; ao longo dos séculos; no decorrer dos séculos; com o decorrer dos séculos; com o passar dos séculos
over the phone
no telefone; por telefone
over the last five years
nos últimos cinco anos
over the ocean
sobre o oceano; no oceano
over the past few years
ao longo dos últimos anos; nestes últimos anos
over the telephone
pelo telefone; no telefone
over the weekend
no fim de semana
over the years
através dos anos; ao longo dos anos; no decorrer dos anos; com o decorrer dos anos; com o passar dos anos
over there
por ali
owing to
devido a

P

pain in the neck
coisa chata; coisa desagradável; pessoa chata; pessoa desagradável; chato de galochas
Pardon me.
Repita, por favor.
Perdão.
Queira desculpar...
Com licença?
Dá licença?
to pass a law
aprovar uma lei; promulgar uma lei
to pass away
morrer; falecer; partir
to pass by
passar
to pass in review
passar em revista
to pass it on to
passar para
to pass on
morrer
to pass over
não prestar muita atenção
past few years
últimos anos
to pave the way for
tornar possível para
to pay a visit
fazer uma visita; visitar
to pay attention
prestar atenção; estar atento
to pay back
devolver; restituir; pagar; reembolsar
to pay by instalments
pagar em prestações
to pay cash
pagar em dinheiro
Pay close attention.
Preste bem atenção.
to pay down
pagar à vista; pagar em moeda corrente
to pay heed to
prestar atenção a; dar atenção a
to pay homage to
prestar homenagem a
to pay money back
devolver dinheiro
to pay off
dar bons resultados
to pay on time
pagar em dia
to pay one's respect to
fazer uma visita de cortesia; render homenagens a (funeral, velório, etc.)
to pave the way for
facilitar; preparar o terreno para
pay to the order of
pague à ordem de
peace of mind
tranquilidade
per month
por mês
to phase out
desativar gradualmente
to pick and choose
selecionar; ser exigente, na escolha; escolher com cuidado

P

to pick (*someone*) up
dar carona a (*alguém*); apanhar (*alguém*) pelo caminho
to pick (*something*) up
apanhar (*algo*); pegar (*algo*); recolher (*algo*)
to pick up the phone
atender o telefone
to play at sight
tocar à primeira vista
to play by ear
tocar de ouvido
to play the stock market
operar na bolsa; especular no mercado
to plead guilty
confessar-se culpado; reconhecer a culpa
to plead not guilty
negar a acusação
Please connect me with...
Por favor, gostaria de falar com... (telefone)
Please keep in line.
Por favor, mantenha-se na fila.
to please oneself
fazer o que entende; deleitar-se
Please put me through to...
Por favor, gostaria de falar com... (telefone)
Pleased to meet you.
Prazer em conhecê-lo! Muito prazer em conhecê-lo!
to plug in
ligar na tomada; conectar
to plug in to (*something*)
enfiar (*algo*) na tomada; conectar (*algo*) na tomada

point of no return
ponto sem retorno
point of view
ponto de vista
to point (*someone*) out
destacar (*alguém*); chamar a atenção para (*alguém*)
to point (*something*) out
identificar (*algo*), ressaltar (*algo*); assinalar (*algo*); destacar (*algo*); salientar (*algo*); chamar a atenção para (*algo*)
poorer and poorer
cada vez mais pobre
to pop up
aparecer de repente
potato chips
batatas fritas
Practice makes perfect.
A prática faz a perfeição. (Prov.)
to prepare for war
fazer preparativos para a guerra
pretty bad
bem ruim
Pretty good!
Muito bem! Vou muito bem!
properly speaking
propriamente dito
to prove successful
dar resultados satisfatórios
provided that
desde que
to pull a knife
puxar duma faca; ameaçar com faca
to pull back
puxar para trás; fazer recuar

P

to pull off
ser vitorioso (em algo difícil)
to push back
fazer recuar; rechaçar; repelir
to push the door
encostar a porta
to put a stop
impedir; proibir
to put an ad in the paper
colocar um anúncio no jornal
to put an end to
pôr fim a; terminar com; acabar com; parar; abolir; destruir
to put aside
pôr de lado; economizar; separar
to put away
tirar; guardar; remover
to put before someone
fazer uma proposta; apresentar a alguém
to put down
esmagar; humilhar; dominar; sufocar
(rebelião, etc.)
to put in
introduzir
to put in order
regularizar; pôr em dia
(papéis, etc.)
pôr em ordem; pôr em sequência
to put in practice
pôr em prática

to put in writing
escrever; pôr por escrito
to put into practice
pôr em prática
to put money
investir dinheiro
to put on
vestir-se; calçar
to put one's faith on
depositar as esperanças em; confiar em
to put someone into power
eleger alguém
to put someone on a diet
pôr alguém em dieta
to put the question
propor casamento
to put to death
mandar matar; matar; assassinar; executar
to put to shame
humilhar; envergonhar
to put to work
fazer funcionar
to put together
juntar; recompor; reunir; adicionar; armar; montar; somar (peças; equipamento)
to put trust in someone
acreditar inteiramente em alguém
to put up
erigir; construir; armar
to put up for sale
fazer leilão de; levar a leilão

Q

to queue up for (*something*) (*UK*)
fazer fila para (*algo*)
to quiet down
sossegar; ficar quieto; acalmar-se; tranquilizar-se; aquietar-se
to quit a job
abandonar um emprego; largar um emprego
Quit doing that!
Pare com isso!

quite a few
um número bastante grande; um número bastante elevado; bastante; muitos; vários; um bom número; diversos; numerosos
quite different
bem diferente
quite often
com bastante frequência; com muita frequência

R

to rain cats and dogs
chover muito; chover "canivetes"
to raise a question
formular uma pergunta; formular uma questão; levantar uma questão
to raise from the dead
ressuscitar
to raise funds
angariar fundos
to raise money
obter dinheiro; fazer empréstimo
to raise money for charity
levantar fundos para fins filantrópicos
to raise the blockade
levantar o bloqueio; suspender o bloqueio
rather the contrary
antes pelo contrário
to reach out
estender a mão; ajudar
to read all over
ler tudo
to read between the lines
ler nas entrelinhas; descobrir o sentido velado de uma frase
to read over and over again
ler e reler
to read someone's mind
saber o que alguém está pensando
to read through
ler tudo

reception clerk
recepcionista
recognized by the law
reconhecido pela lei
to reconcile oneself with
reconciliar-se com
to reduce to zero
reduzir a zero; reduzir a nada; levar à estaca zero
reference is made
é feita referência
to refrain from noise
abster-se do barulho
to refrain from something
deixar de fazer algo
registered at a notary public
registrado em cartório público
regular day shift
horário normal de trabalho (9h -17h)
to reject a bill
rejeitar um projeto de lei; rejeitar uma lei
to rely on (*someone*)
confiar em (*alguém*); depender de (*alguém*)
to rely on (*something*)
confiar em (*algo*); depender de (*algo*)
to rely upon (*someone*)
confiar em (*alguém*); depender de (*alguém*)
to rely upon (*something*)
confiar em (*algo*); depender de (*algo*)

R

to report back to (*someone*)
dar informações a (*alguém*)
to retaliate against (*someone*)
vingar-se de (*alguém*)
to retaliate against (*something*)
vingar-se de (*algo*)
to retire from business
sair dos negócios; abandonar a carreira comercial
to return a call
chamar de volta; retornar a ligação
to return in half an hour
voltar dentro de meia hora
to reward evil for good
pagar o bem com o mal
richer and richer
cada vez mais rico
to ride a bicycle
andar de bicicleta
to ride a bike
andar de bicicleta (gíria)
right away
imediatamente; neste mesmo instante; já; no mesmo instante; sem demora; na hora
right here
bem aqui; aqui mesmo; exatamente aqui
right now
já; agora mesmo; imediatamente; sem demora; no mesmo instante
right on time
na hora certa; bem na hora certa; bem na hora; na hora exata
right or wrong
com razão ou sem razão
right there
bem ali; lá mesmo; exatamente aí; aí mesmo

to ring (*someone*) **back** (*UK*)
voltar a telefonar para (*alguém*)
to ring (*someone*) **up** (*UK*)
telefonar para (*alguém*)
to rise from the dead
ressuscitar
to rise up against (*someone*)
desafiar (*alguém*); rebelar-se contra (*alguém*); levantar-se contra (*alguém*)
to rise up against (*something*)
desafiar (*algo*); rebelar-se contra (*algo*); levantar-se contra (*algo*)
room and board
cama e mesa; casa e comida; quarto e comida
to round the corner
dobrar a esquina
to rule on (*something*)
decidir (*algo*); julgar (*algo*)
to run a business
dirigir um negócio
to run a temperature
estar com febre
to run around in circles
andar às tontas
to run away
fugir; escapar; sair em disparada
to run away from (*someone*)
fugir de (*alguém*); escapar de (*alguém*)
to run away from (*something*)
fugir de (*algo*); escapar de (*algo*)
run by the federal government
financiado pelo governo federal
to run for office
candidatar-se a eleição
to run into debt
endividar-se; contrair dívidas

R

to run out of
estar em falta de; ficar em falta de
to run out of time
não ter mais tempo disponível
to run short of
ficar desprovido de; estar desprovido de; não dispor de; ficar sem estoque de

rush hours
horas de maior movimento (tráfego, etc.)

S

Said who?
Quem disse?
(informal)
same as usual
o mesmo de sempre
to save money
economizar; ganhar dinheiro; poupar dinheiro
to save time
economizar tempo
to save one's life
salvar a vida
to say a good word for somebody
dar uma palavrinha em favor de
to say good things about
elogiar; dizer coisas boas a respeito de
to say goodbye
dizer adeus; dizer até logo
to say hi to
mandar lembranças a
Say it again...
Quer repetir?
Repita!
to say nothing of
para não dizer...; sem contar que...
to say one's mind
dizer o que pensa; falar com sinceridade
to say the least of it
é o mínimo que se pode dizer
to search the pockets
revistar os bolsos

second to none
sem igual; sem paralelo; de primeira classe; dos primeiros; dos melhores
See you in a few.
Até já. (informal)
See you later.
Até mais.
Até mais tarde.
Até logo.
Até já.
Até logo mais.
See you shortly!
Até já!
See you soon.
Até já.
Até logo.
Até breve.
See you tomorrow.
Até amanhã.
seeing that
considerando que; visto que
Seek and you will find.
Quem procura acha. (Prov.)
to sell at a low price
vender por preço baixo
to sell at wholesale (*USA*)
vender por atacado
to sell by instalments
vender a prestação
to sell by retail (*UK*)
vender a varejo
to sell by wholesale (*UK*)
vender por atacado

S

to sell on credit
vender a crédito
to sell out
liquidar
to sell wholesale or retail
vender por atacado ou a varejo
to send a letter off
enviar uma carta
to send out invitations
enviar convites
to serve behind the counter
trabalhar como balconista
to set a bad example
dar um mal exemplo
to set a clock
acertar um relógio
to set a good example
dar um bom exemplo
to set an example
dar exemplo; servir de exemplo; dar um exemplo
to set apart
reservar; pôr de lado; separar
to set aside
pôr de lado; desprezar; rejeitar; recusar; arredar; colocar de lado
to set back
fazer retroceder; atrasar; retardar (relógio, etc.)
to set fire on
tocar fogo em; pôr fogo em
to set fire to
tocar fogo em; pôr fogo em; queimar; atear fogo; incendiar
to set forth
publicar; tornar conhecido; proclamar; expor; mostrar; declarar; manifestar

to set free
pôr em liberdade; libertar
to set in order
pôr em ordem
to set on fire
incendiar; pôr fogo; acender; atear fogo
to set the table
pôr a mesa
to set (*something***) up**
montar (*algo*); armar (*algo*)
to set up a record
bater um recorde
to settle down
iniciar um lar e uma família
to settle down (*somewhere***)**
fixar residência (*em algum lugar*); fixar moradia (*em algum lugar*)
to shake hands with
cumprimentar (*por meio de aperto de mão*); apertar a mão de
Shame on you!
Que vergonha!
to shape up
fazer exercícios físicos; fazer musculação; fazer ginástica
She loves him with all her heart and soul.
Ela o ama de todo o coração.
to shoot to death
matar a tiros
short of cash
sem dinheiro
to show off
aparecer; pôr-se em evidência
to show the way
indicar as normas
to show up
comparecer

S

to show up late
chegar atrasado; chegar tarde
to shut down
fechar; encerrar as atividades
to shut (*someone*) up
calar o bico de (*alguém*);
mandar (*alguém*) calar o bico
(gíria mal-educada)
Shut up!
Bico calado!
Cala o bico!
Cale o bico!
Cala!
Cala a boca!
Cala essa boca!
Cale!
Cale a boca!
Cale essa boca!
(gíria mal-educada)
Shut up your mouth!
Bico calado!
Cala o bico!
Cale o bico!
Cala!
Cala a boca!
Cala essa boca!
Cale!
Cale a boca!
Cale essa boca!
(gíria mal-educada)
to sign a check (*US*)/ to sign a cheque (*UK, Can.*)
assinar um cheque
to sign in
registrar (*numa lista*) o horário de chegada
to sign out
registrar (*numa lista*) o horário de saída
to sign up for
matricular-se em

to sign the attendance sheet
assinar o ponto
Sign your initials here.
Ponha suas iniciais aqui.
Silence is golden.
O silêncio vale ouro. (Prov.)
to sing a person's praises
elogiar alguém com admiração e entusiasmo
to sit down
sentar-se; assentar-se
Sit down!
Sente-se!
to slow down
diminuir a velocidade; ir mais devagar; moderar a marcha
to smell good
cheirar bem; ter cheiro agradável
to smell nice
cheirar bem; ter cheiro agradável
So am I.
Eu também.
so called
assim chamado
So do I.
Também eu.
So do you.
Você também.
so far
até agora; até aqui; até aí; até esse ponto
so far as
tanto quanto
so far as I know
que eu saiba; pelo que eu sei
So far so good.
Até agora, tudo bem.
Até aqui, tudo bem.
Por enquanto, tudo bem.

S

so forth
assim por diante
So long!
Até logo!
Até outra vez!
so many times
tantas vezes
so, so
mais ou menos; nem bem, nem mal
so that
de modo que; para que; a fim de que
so to say
por assim dizer
so to speak
por assim dizer
So what?
O que tem isso?
some time ago
algum tempo atrás
some of them
alguns deles
some of us
alguns de nós
sooner or later
mais cedo ou mais tarde; cedo ou tarde
Sorry to bother you.
Desculpe incomodá-lo.
Sort of.
Um pouco.
Um tanto.
Aproximadamente.
Mais ou menos.
Bastante.
to speak broken English
falar inglês mal
to speak on the phone
falar no telefone

to speak one's mind
não ter papas na língua; dizer o que pensa; falar francamente; não ser reservado
to speak up
falar mais alto; falar alto e sem receio; falar claro
to speak well of (*someone*)
falar bem de (*alguém*)
to speculate about (*a subject*)
meditar sobre (*um assunto*)
to speculate on (*a subject*)
meditar sobre (*um assunto*)
to speculate upon (*a subject*)
meditar sobre (*um assunto*)
to speed up
ir mais depressa
to spend one's time
passar o tempo
to stand a chance of
ter uma boa possibilidade de
to stand against an enemy
opôr-se a um inimigo; resistir a um inimigo
to stand back
afastar-se; recuar; arredar
to stand behind (*something*)
garantir (*algo*)
to stand by
estar presente; permanecer perto; ser espectador; estar perto
to stand fast
não dar o braço a torcer; manter-se firme; permanecer firme; perseverar; ficar firme; não recuar; permanecer numa posição
to stand for
defender; sustentar; pretender; ser candidato; representar; estar em lugar de

S

to stand in line (US)
ficar em fila; ficar na fila
to stand out
sobressair-se
to stand up
levantar-se; erguer-se; pôr-se em pé
to stand up for
insistir em; defender; justificar; apoiar
standard of living
padrão de vida
Standing room only.
Lugares, só de pé (nos auditórios, etc.)
starting today
de hoje em diante
state-of-the-art
de ponta (tecnologia)
to stay in
ficar em casa
to stay in touch
manter-se em contato; comunicar-se; manter contato
to stay in touch with (someone)
manter-se em contato com (alguém); comunicar-se com (alguém); manter contato com (alguém)
to stay overnight
passar a noite; pernoitar
to step back
retroceder; voltar atrás
to step aside
afastar-se; retirar-se; desviar-se do bom caminho; errar
step by step
passo a passo; de mansinho; cautelosamente

to step down
descer
Step on it!
Depressa!
to stick to the point
ficar dentro do tema; limitar-se ao assunto em discussão; restringir-se ao assunto
to stop joking
parar de brincar
to stop payment of a check (US)/ to stop payment of a cheque (UK, Can.)
sustar o pagamento de um cheque
Stop that!
Pare com isso! Acabe com isso!
straight away
imediatamente; no mesmo instante
straight ahead
bem à frente; em frente
to stretch one's legs
dar um passeio
to strike down
abater; derrubar
Strike while the iron is hot.
Malha o ferro enquanto está quente. (Prov.)
to strip down
tirar a roupa; despir-se
to strive against an enemy
pelejar contra um inimigo
to strive with an enemy
pelejar contra um inimigo
to succeed in doing (something)
conseguir fazer (alguma coisa); ter êxito em fazer (alguma coisa)

S

such being the case
sendo assim; se assim é; nesse caso
to suffer death
ser condenado à morte; morrer
to sum up
resumir

to support a family
sustentar uma família
to swear in
jurar cumprir as obrigações do cargo
to switch off
apagar; desligar

T

to take a back seat
ficar em segundo plano; humilhar-se
to take a break
interromper para descanso; fazer pequeno intervalo; fazer pequena pausa
to take a bribe
ser subornado
to take a chance
arriscar-se; tentar a sorte
to take a company over
encampar uma empresa
to take a course
fazer um curso
to take a degree
graduar-se; formar-se; colar grau
to take a delight in
deleitar-se com
Take a good look.
Dê uma boa olhada.
to take a look at
olhar para; dar uma olhada em; dar uma olhadela em
to take a nap
dormir uma soneca; tirar uma soneca; cochilar
to take a picture
tirar uma fotografia
to take a rest
repousar
to take a risk
arriscar-se; correr o risco
to take a seat
sentar-se
to take a shower
tomar um banho de chuveiro; tomar uma ducha
to take a stand
assumir uma posição definida; declarar-se pró ou contra; tomar posição definida; tomar partido
to take a test
fazer uma prova (aluno)
to take a trip
fazer uma viagem
to take a walk
dar uma volta
to take advantage of
aproveitar-se de; enganar; servir-se; levar vantagem; tirar proveito de
to take an exam
fazer prova; prestar exame (aluno)
to take an examination
fazer prova; prestar exame (aluno)
to take an interest in
interessar-se por; ser atraído por
to take apart
desmontar
to take away
tirar; levar; retirar
to take back
reaver
to take by surprise
tomar de surpresa

T

Take care!
Até logo!
Tchau!
Take care!
Tenha cuidado!
Cuide-se!
to take care of
tomar conta de; cuidar de; vigiar; encarregar-se de; ter cuidado com; acompanhar; tomar cuidado com
to take charge of
encarregar-se de
to take cold
apanhar resfriado
to take counsel
pedir conselho; consultar
to take degrees
diplomar-se
to take heed
ter cuidado com; prestar atenção a; tomar cuidado
to take home
levar para casa
to take in
consumir
to take into account
levar em conta; levar em consideração; tomar em consideração; contar com
to take it easy
não se afobar; acalmar-se
Take it easy!
Não se preocupe!
Calma!
Não se afobe!
Tenha calma!
Vá com calma!
to take legal advice
consultar um advogado
to take medical advice
consultar um médico
Take my word.
Acredite no que digo.
to take no heed to
não dar importância a; não dar confiança a
to take note of
fazer caso de; prestar atenção a; notar
to take notes
tomar notas; anotar
to take notice of
notar que; observar com atenção que; tomar conhecimento de; reparar em;
to take off
decolar; levantar voo; partir (avião, etc.); tirar; retirar; subtrair (quantidade)
Take one more look.
Dê mais uma olhada.
to take one seriously
levar a sério o que alguém diz
to take one's ease
pôr-se à vontade
to take one's time
aproveitar a oportunidade; demorar; não se apressar
to take orders
obedecer ordens; aceitar encomendas; receber encomendas
to take out
retirar; extrair (dente); arrancar; tirar; acompanhar; escoltar; sair na companhia de; obter; comprar; desabafar os sentimentos

T

to take over
controlar; assumir o controle; suceder
to take part in (*something*)
tomar parte em (*alguma coisa*); participar de (*alguma coisa*); colaborar com (*alguma coisa*)
to take part with (*something*)
tomar parte em (*alguma coisa*); participar de (*alguma coisa*); colaborar com (*alguma coisa*)
to take pity on
ter pena de; ter piedade de
to take place
acontecer; ocorrer; realizar-se
to take possession of
tomar posse de; apoderar-se de; apossar-se de; apropriar-se de
to take precautions
acautelar-se; tomar precauções
to take pride in
orgulhar-se de
to take refuge
refugiar-se; abrigar-se; buscar refúgio
to take responsibility
assumir responsabilidade
to take (*something*) for granted
admitir (*algo*) como verdade comprovada; admitir (*algo*) como ponto pacífico; acreditar piamente em (*algo*); aceitar (*algo*) como fato consumado
to take steps
tomar providências; tomar medidas
to take the field
estar em campo de operações (mil.)
to take the first step
dar o primeiro passo
to take the lead
assumir o comando; assumir o controle; tomar a dianteira; assumir a direção; tomar a iniciativa
to take the necessary steps
tomar as devidas providências; tomar as necessárias providências
to take the opportunity of
tomar a oportunidade de
to take the streetcar
tomar o bonde
to take time
levar tempo
(exemplo: **It takes time.**)
to take time off
faltar ao trabalho
to take up a challenge
aceitar um desafio
Take your time.
Dê tempo ao tempo.
Não há pressa.
Não se apresse!
to talk broken English
falar mal o inglês
to talk nonsense
falar asneiras; dizer asneiras
to talk with a Portuguese accent
falar com sotaque português
Tastes differ.
Gostos não se discutem.
Cada cabeça uma sentença.
(Prov.)
to taste sour
ter gosto de azedo

T

to teach (*somebody*) a lesson
dar uma lição em (*alguém*)
to tell a lie
contar uma mentira
to tell a story
contar uma história
to tell apart
ser capaz de notar diferenças
to tell the time
dizer as horas
to tell the truth
para dizer a verdade; a bem dizer; para falar a verdade
to tell the world
contar para todo mundo; espalhar; publicar; divulgar
Thank you.
Obrigado.
Thank you so much for...
Muitíssimo obrigado por...
Thank you very much.
Muito obrigado.
Thanks a lot.
Muito obrigado.
Thanks anyway.
De qualquer forma, obrigado.
that big
deste tamanho
That doesn't matter.
Isso não importa.
that far
tão longe
that has nothing to do with
isso nada tem a ver com
That helps a bit.
Isso ajuda um pouco.
That is going too far!
Isso é demais!
that is how
é assim que se faz

That is no go.
Isso não serve.
Não é o que desejo.
That is not the point.
Isso não vem ao caso.
That is out of question.
Isso nem se discute.
That is the end of it.
Foi-se tudo por água abaixo.
that is to say
isto é
that is up to him
isso é lá com ele
That may be true.
Pode ser que você tenha razão.
that reads in English...
que em inglês seria...
That's a deal.
Está combinado.
Está feito.
O negócio está fechado.
That's all.
É tudo.
Está encerrado o assunto.
Não há mais nada a dizer.
That's all for now.
Por ora, é só.
Por enquanto, é só.
That's all I needed!
Não me faltava mais nada!
That's all right.
De nada!
(em resposta a **thanks**, etc.)
Não faz mal.
Não importa.
Está bem.
That's another story.
Aí já é outra conversa.
That's enough.
Basta!

T

Chega!
É suficiente!
Nem mais uma palavra!
Não adianta insistir!
That's going too far!
Assim já é demais!
That's great!
Que ótimo!
that is to say that
isto é; a saber; em outras palavras; isto quer dizer que
That's it!
É isso.
É isso aí.
É isso mesmo.
É só isso.
Isso é tudo.
(confirmando o que outra pessoa disse)
That's it?
É só isso?
É tudo?
Há mais alguma coisa?
That's none of your business.
Isto não é de sua conta.
That's not fair.
Assim não vale.
That's not too bad.
Isso não é nada mau.
That's not true!
Não é verdade!
That's O.K./ That's OK./ That's Okay
De nada!
(em resposta a **thanks**, etc.)
Está joia!
Tudo bem!
Não ligue!
(gíria)

That's O.K. with me./ That's OK with me. /That´s Okay with me.
Para mim, tudo bem.
Para mim, joia.
(gíria)
that's right
é isso mesmo
That's the point.
Aí é que está a questão.
That's the thing.
O negócio é esse.
That's too bad.
Que pena!
that way
por ali; por lá; daquele jeito
That's why...
É por isso que...
That will do.
Isso serve.
Isso dá.
Basta!
Chega!
Isso já basta!
That won't do.
Isso não serve.
Isso não dá.
That won't work.
Não dá.
Não funciona.
the best is yet to come
o melhor está por vir
the bomb blew up
a bomba explodiu
the Brazilian way
à moda brasileira
the burden of the years
o peso dos anos
The car was a total loss.
O carro ficou completamente destruído.

T

the coming year
o ano que vem; o próximo ano
The customer is always right.
O freguês sempre tem razão. (Prov.)
the door is wide open
a porta está aberta; a porta está escancarada
The early bird catches the worm.
O pássaro que madruga apanha a minhoca.
O boi que chega primeiro bebe água limpa. (Prov.)
the easy way
na moleza
the electricity was cut off
a eletricidade foi cortada
the ends of the earth
nos confins da terra
the equivalent in dollars
o equivalente em dólares
the father of a family
um pai de família
the few the better
quanto menos melhor
the first step
o primeiro passo
The flesh is weak.
A carne é fraca.
The Holy One
Deus
the house is on fire
a casa está em chamas
the house next door
a casa ao lado; a casa do vizinho
The letter has gone astray.
A carta extraviou-se.
The letter runs as follows.
A carta diz o seguinte:

The line is bad.
A ligação está ruim. (telefone)
The line is busy.
A linha está ocupada. (telefone)
the lion's share
a maior parte
The Lord be with you.
Fiquem com Deus.
the man next door
o vizinho
the more... the more
quanto mais... tanto mais
the naked truth
a verdade nua e crua
the next stage
a fase seguinte
the next step to be taken
a providência seguinte a ser tomada
the next thing to be done
o que deve ser feito em seguida
the night before
na noite anterior
The offer is good for a limited time only.
A oferta é por tempo limitado. (com.)
The opportunity makes the thief.
A ocasião faz o ladrão. (Prov.)
the other day
há dias; outro dia
the outgoing mail
a correspondência expedida
The police made several arrests.
A polícia efetuou várias prisões.
The pleasure was all mine.
Foi um prazer!
O prazer foi todo meu!

T

the quick and the dead
os vivos e os mortos
The right man in the right place.
O homem certo no lugar certo. (Prov.)
the right way
o modo certo
the same old story
a mesma história de sempre; a velha história de sempre
The same to you!
Para você também! Igualmente!
the short way to
o caminho mais curto para
The sooner the better.
Quanto antes, melhor.
O pássaro que madruga apanha a minhoca.
O boi que chega primeiro bebe água limpa. (Prov.)
The stock market closed high.
A bolsa fechou em alta.
The stock market closed low.
A bolsa fechou em baixa.
the strike goes on
a greve continua
the sweet by-and-by
a vida do além
The time is drawing near.
A hora está se aproximando.
The time is up.
Está encerrado o prazo.
O tempo acabou.
the very best
o melhor de todos
the very first thing to be done
a primeira coisa a ser feita
The water turned into ice.
A água transformou-se em gelo.

the way I see it
a meu ver; na minha maneira de ver
the weather forecast
a previsão meteorológica; a previsão do tempo
the whole day
o dia inteiro; todo o dia
the whole world
o mundo inteiro
the Word of God
a Palavra de Deus
the wrong way
o modo errado; o caminho errado
the very best
o melhor de todos
there are four of us
somos quatro ao todo
There comes a time when...
Está chegando um tempo em que...
There is a catch in it.
Há uma cilada nisso.
Há truque nisso.
There is an exception to every rule./ There's an exception to every rule.
Não há regra sem exceção. (Prov.)
there is no help for it
não há remédio
there may be a case
pode haver um caso
There's a bad connection.
A ligação está ruim. (telefone)
There's no answer.
Ninguém atende.
Ninguém responde.

T

There's no hurry
Não tem pressa
There's no need of that.
Não há necessidade nenhuma disso.
There's no need to worry.
Não há por que preocupar-se.
There is no sense in it.
Isso não tem cabimento.
Isso não tem sentido.
There it is!
Aqui está.
There's nothing I can do.
Nada posso fazer.
there's nothing left
não sobrou nada
There's still a lot to be done.
Ainda falta muito o que fazer.
there you are
eis aí
There you go!
Está vendo, aconteceu!
these days
na época atual
they say
dizem; corre o boato
things are getting worse and worse
as coisas estão ficando cada vez pior
to think back
lembrar
to think a lot of someone
considerar muito; estimar muito
This is... speaking
Aqui fala... (telefone)
This is too much!
Assim é demais!
this way
por aqui

to throw up
vomitar
Think about it.
Pense a respeito.
Pense sobre isso.
Pense nisso.
to think little of
não dar valor a; reputar insignificante
to think nothing of
não dar valor a; reputar insignificante
to think so
pensar que sim
this way
por aqui
till late in the night
até tarde da noite
the naked truth
a verdade nua e crua
the other day
não há muito
There's an exception to every rule.
Toda regra tem exceção. (Prov.)
there's no question
não resta dúvida; não há dúvida
There you are.
Aqui está.
Things look bad.
A coisa está feia.
As coisas não vão bem.
to think a lot of
ter grande estima; ter grande consideração; ter em alto conceito
this and that
este ou aquele; isto ou aquilo; esta ou aquela

this morning
na manhã de hoje; hoje de manhã
this time tomorrow
amanhã a esta hora
Those who live in glass houses should not throw stones./ Those who live in glass houses shouldn't throw stones.
Quem tem telhado de vidro não joga pedra no do vizinho. (Prov.)
through hard work
à custa de muito trabalho
throughout history
ao longo da história
throughout the world
pelo mundo afora; pelo mundo inteiro
throughout the years
através dos anos
to make it easier
para facilitar
to the purpose
a propósito; com relação ao assunto
to throw away
perder; não aproveitar (oportunidade); jogar; arremessar; desprezar; rejeitar; desperdiçar; não aproveitar
to throw out
rejeitar; expelir; expulsar; jogar fora
to throw out the baby with the bath
agir precipitadamente; ser imprevidente
to throw pearls before the swine/ to throw pearls before swine
atirar pérolas aos porcos; jogar pérolas aos porcos
to throw something away
jogar alguma coisa fora
to throw out
jogar fora
to throw stones
apontar faltas; censurar
to throw up
vomitar; rejeitar
thus far
até aqui; até este ponto; até agora
to tick off
assinalar com um X
to tide someone over
matar a fome de alguém (por pouco tempo)
to tidy something up
limpar algo; ordenar algo
to tidy up
limpar-se; limpar algum lugar
to tighten one's belt
apertar o cinto
Till later on.
Até mais tarde!
Até mais!
Até logo!
till then
até então
Till tomorrow!
Até amanhã!
time and again
repetidamente; um sem número de vezes; frequentemente
to time in
registrar a chegada
Time is money.
Tempo é dinheiro. (Prov.)
Time is up!
Chegou a hora.

T

Está na hora.
Acabou o tempo.
O tempo está esgotado.
Time goes fast.
O tempo passa rápido.
to time out
registrar a saída
Time reveals everything.
Com o tempo descobre-se a verdade.
Tempo é remédio.
A verdade sempre vem à tona. (Prov.)
to a certain extent
até certo ponto
to a certain point
até certo ponto
to a degree
até certo ponto
to a high degree
intensamente; ao máximo
to a great extent
em grande parte
to a large extent
em grande parte
to all purposes
para os devidos fins; para todos os fins
To be continued...
Continua...
to my cost
à minha própria custa
to name just a few
apenas para mencionar alguns
to our day
até hoje
to some degree
até certo ponto
to some extent
até certo ponto
to such an extent
a tal ponto
To the bearer
Ao portador (cheque)
to the best of my knowledge
de sã consciência; que eu saiba
to the end
até o fim
to the last degree
intensamente; ao máximo
to the left
à esquerda
to the purpose
apropriado; adequado; útil
to the right
à direita
to this day
até hoje
To whom am I speaking?
Com quem estou falando?
To whom it may concern.
A quem interessar possa.
together to
juntamente com; assim como; bem como
together with
em companhia de; um com outro; juntamente com
Tom, Dick and Harry
todo mundo
to tread out
espremer; esmagar com os pés; destruir; abafar; extinguir
Tomorrow never comes.
Não se deixa para amanhã o que se pode fazer hoje. (Prov.)
too many
demasiado; excessivo
too much
demasiado; demasiadamente

T

too often
com demasiada frequência
to touch down
aterrisar
traffic jam
engarrafamento de trânsito
to travel by air
viajar de avião
to travel by land
viajar por terra
to travel by sea
viajar por mar
to trust (*someone*) a secret
confiar um segredo a (*alguém*)
to try hard
tentar com grande esforço; esforçar-se muito; fazer todo o possível; fazer grande esforço; tentar com grande empenho
to try on
experimentar (roupas ou calçados)
to turn against
voltar-se contra; assumir atitude hostil
to turn around
dar uma volta em
to turn away
afastar; desviar
to turn back
voltar; virar para trás
to turn one's back on (*somebody*)
zangar-se com (*alguém*) e afastar-se sem dizer nada; voltar as costas a (*alguém*)
to turn off
desligar; apagar (luz, etc.)
to turn off the water
fechar a torneira
to turn on
acender; ligar (luz, etc.)
to turn on the water
abrir a torneira
to turn over
virar; virar de cabeça para baixo; inverter; capotar
to turn over the pages
folhear
to turn (*someone*) back
mandar (*alguém*) de volta
to turn (*something*) back
mandar (*algo*) de volta
to turn (*something*) down
abaixar o volume de (*algo*)
to turn (*something*) up
aumentar o volume de (*algo*)
to turn to
voltar-se para; tornar-se; transformar-se; procurar
to turn upside down
virar de cabeça para baixo
to turn the back to
despedir com desprezo
to turn the tap off
fechar a torneira
to turn the tap on
abrir a torneira
to turn upside down
virar de cima para baixo; emborcar
20 years ago this week
que completa 20 anos nesta semana
twice as much
outro tanto
Two heads are better than one.
Dois olhos enxergam mais que um só. (Prov.)
two schools of thought
duas teorias; duas opiniões oposta

U

under any circumstances
sob qualquer circunstância
under arrest
na prisão
under consideration
em estudos; em discussão
under construction
em construção
under further consideration
em estudo; em discussão
under no circumstances
em nenhuma circunstância; em hipótese nenhuma; de forma nenhuma; de modo nenhum
under penalty of
sob pena de
under separate cover
em envelope à parte; em outro pacote
under the circumstances
nessas circunstâncias; diante das circunstâncias
under the sea
no fundo do mar
under the stars
sob as estrelas
under the supervision of
sob a supervisão de
under the table
por baixo do pano

under-developed countries
países subdesenvolvidos
Union Jack
bandeira britânica
to unite against (*someone*)
juntar as forças contra (*alguém*)
to unite against (*something*)
juntar as forças contra (*algo*)
until late at night
até tarde da noite
up and down
para cima e para baixo
up to
até
up to date
atual; em dia
upon request
a pedido
upon returning
ao voltar
ups and downs
altos e baixos
upside down
de cabeça para baixo; de pernas para o ar; ao contrário
to use bad language
dizer palavrões
used to
costumava (passado)

V

to vacuum (*something*) up
limpar (*algo*) com aspirador de pó
very carefully
com muito cuidado
very keen competition
concorrência muito acirrada
Very nice!
Que ótimo!
Que bonito!

to vest (*somebody*) with authority
dar a (*alguém*) autoridade
vicious circle
círculo vicioso
to volunteer for (*something*)
trabalhar como voluntário em (*algo*) (campanha, etc.)

W

to wage war
fazer guerra; guerrear
Wait a little while.
Aguarde um pouquinho.
Walls have ears.
As paredes têm ouvidos. (Prov.)
to wake (*someone*) up
acordar (*alguém*); despertar (*alguém*)
to wake (*something*) up
acordar (*algum animal*); despertar (*algum animal*)
Wake up!
Acorde!
to walk away
afastar-se; retirar
to walk humbly
portar-se com humildade
walk straight ahead
vá sempre em frente
to want to make the best of both worlds
querer fugir a um compromisso; querer tirar o corpo fora
to warm (*someone*) up
aquecer (*alguém*)
to warm (*something*) up
aquecer (*alguém*)
to wash away
apagar; lavar; tirar (mancha, etc.)
esquecer; tirar da memória
to wash one's face
lavar o seu rosto
to wash one's hand
lavar as suas mãos
to waste a chance
não aproveitar uma oportunidade
to waste money
esbanjar dinheiro; desperdiçar dinheiro
to waste time
perder tempo
Watch out!
Cuidado!
to watch out for
ter cuidado com
to watch TV
ver TV; ver televisão
Watch your head!
Cuidado com a cabeça!
Watch your step
Cuidado com o degrau.
Cuidado. (na escada)
We came to the conclusion that...
Chegamos à conclusão de que...
we don't belong here
não moramos aqui; não somos daqui
we'd rather
nós preferimos
We have run out of stock.
Estamos sem estoque.
We have to inform you that...
Temos que informá-lo que...
We'll see!
Veremos.

W

We regret to have to inform you that...
Lamentamos ter que informá-los que...
to wear a beard
usar barba
to wear a mustache/to wear a moustache
usar bigode
to wear glasses
usar óculos
to wear off
desaparecer pouco a pouco; desaparecer gradativamente; dissipar-se; desvanecer-se
to wear out
desgastar-se (com uso)
Well done!
Parabéns!
Muito bem feito!
Muito bem!
well-done
bem passado; torrado (cul.)
Well, I never!
Por essa eu não esperava!
Vejam só!
Puxa!
Puxa vida!
well in advance
com bastante antecedência; bem antes
Well said.
Disse bem!
Falou bem!
Well, there we are.
Bem, aqui estou.
wet paint
tinta fresca
What a difference does it make?
Que importa?

What a lot of ...
Que tanto de ...
What a mess!
Que confusão!
What a pity!
Que pena!
What about...
Que é de...?
Onde está...?
Onde estão...?
Que me diz de...?
Que tal...?
What about you?
E você?
What are you talking about?
De que você está falando?
What can I do for you?
Posso lhe atender?
What do you do?
O que é que você faz?
Qual a sua profissão?
What do you mean?
Que quer dizer?
What do you mean by that?
O que você quer dizer com isso?
What do you say?
Que tal?
Que me diz?
What does he do for a living?
Qual é a ocupação dele?
Qual é o emprego dele?
De que vive ele?
O que é que ele faz?
What else?
Que mais?
What for?
Por quê?
What if ...?
Que acontecerá se...?

W

What is going on?
Que se passa?
Que está acontecendo?
What is the matter?
O que há?
Que é isto?
Que há?
What is the weather like?
Como está o tempo?
What is up?
Que está acontecendo?
Que é isto?
(informal)
What next?
E agora?
What on earth are you doing here?
Afinal de contas, o que você está fazendo aqui?
What on earth do you mean?
Afinal de contas, que você quer dizer com isso?
What's going on?
Que está acontecendo?
O que está havendo?
What's it for?
Para que serve isto?
What's it like?
Que tal é?
what's more
além do mais; além disso; de mais a mais
What's new?
Que há de novo?
Qual é a novidade?
What's next?
E agora?
What's that for?
Para que é isto?

What's the exchange rate on the dollar?
Qual é a taxa de câmbio do dólar?
What's the matter?
Que é que há?
Qual é o problema?
What's the matter with you?
O que você tem?
What's the time?
Quantas horas?
What's the trouble?
Que há?
Qual o problema?
Que é que há?
What's the use of...?
Que adianta...?
What's today's special?
Qual é o prato do dia?
What's up?
Que há de novo?
Que está acontecendo?
Como vai?
Como vão as coisas?
O que há?
What's wrong?
O que há de errado?
Que é que há?
Qual é o inconveniente?
What's wrong with it?
O que há de errado com isso?
Que mal há nisso?
Qual é o inconveniente?
What's wrong with that?
O que há de errado com isso?
Que mal há nisso?
Qual é o inconveniente?
What size?
De que tamanho?

W

What time is it?
Quantas horas?
when least expected
quando menos se esperava; no melhor da festa
when the bill fall due
quando a letra vence
whenever you like
à hora que você quiser
whenever you wish
à hora que você quiser
Where can I get...?
Onde posso comprar...?
Where do we go from here?
Que faremos agora?
Where else?
Onde mais?
Where there's a will, there's a way.
Os fins justificam os meios. (Prov.)
Where there is smoke, there is fire.
Onde há fumaça há fogo (Prov.)
Whether you like it or not...
Quer gostem quer não...
Which else?
Qual mais?
Which way?
Qual o caminho?
While there's life, there is hope.
Enquanto há vida, há esperança. (Prov.)
Who are you looking for?
Quem você está procurando?
Who cares?
Que importa?
Who do you think you are?
Quem você pensa que é?
Who shall I say is calling?
A quem devo anunciar? (telefone)
Whom a serpent has bitten, a lizard alarms.
Cachorro mordido de cobra tem medo até de linguiça.
Gato escaldado tem medo de água fria. (Prov.)
Whom do you wish to speak to?
Com quem deseja falar?
Why don't you keep your big mouth shut?
Por que você não cala a boca, matraca?
Por que você não cala o bico, matraca?
(gíria mal-educada)
Why on earth
Por que cargas d'água
Afinal de contas por que
Will you do me a favor? (US)/ Will you do me a favour? (UK, Can.)
Posso pedir um favor a você?
Quer me fazer um favor?
Will you join me?
Você está servido?
Você é servido?
to win out
ser, finalmente, vitorioso
windshield washer
limpador de para-brisa
to wipe away one's tears
enxugar as lágrimas
with all my heart
de todo coração
with broken heart
de coração partido

W

with great difficulty
a duras penas
with one voice
a uma só voz; unanimemente; à uma
with one's whole heart
sinceramente; de todo o coração
with open arms
de braços abertos; cordialmente
with parking in the rear
com estacionamento para clientes (atrás)
with reference to
com referência a; com respeito a
with regard to
a respeito de; quanto a; com relação a
within a month
dentro de um mês
within a week
dentro de uma semana
within a year
dentro de um ano
within the next few days
nos próximos dias
without a break
sem interrupção
without any doubt
certamente
without prior notice
sem aviso prévio
without question
sem dúvida; indubitavelmente; inquestionavelmente
without stopping
sem parar
Word of God
Palavra de Deus
to work for oneself
trabalhar por conta própria
to work hard
trabalhar muito; trabalhar com afinco; dar duro
to work like a dog
trabalhar como um cachorro (comparação popular)
to work like a horse
trabalhar como um burro (comparação popular)
to work miracles
fazer milagres; operar milagres
work of art
obra de arte
to work out
dar certo; obter êxito; fazer ginástica; fazer exercício físico; fazer musculação
to work overtime
trabalhar horas extras
to work too hard
trabalhar demais
to work wonders
fazer milagres; fazer coisas extraordinárias
Working hard or hardly working?
Trabalhando duro ou quase sem trabalho? (Prov.)
world to come
o outro mundo; a vida eterna
worse and worse
cada vez pior; de mal a pior
would rather
preferiria
Would you mind?
Você se importa?
Would you mind to...?
Você se importa em...?

W

to wrap up
embrulhar
to write down
anotar; tomar nota; marcar; copiar; registrar; relatar por escrito
to write in ink
escrever a tinta

to write out
escrever por extenso
to write out a check (*US*)/to write out a cheque (*UK, Can.*)
preencher um cheque
to write out a receipt
dar recibo

Y

yesterday morning
na manhã de ontem
You ain't seen nothing yet. (US)
Você ainda não viu nada. (informal)
You are kidding!
Não diga!
Você está brincando!
You are never too old to learn.
Nunca é tarde para aprender.
O saber não ocupa lugar. (Prov.)
You are the boss.
Você é quem manda.
You are waisting your time.
Você está perdendo o seu tempo.
You are wrong.
Você está errado.
You bet!
Você acertou!
Você tem razão!
Certamente!
Claro, ora!
You can say goodbye to that.
Pode tirar o cavalinho da chuva.
You can't imagine!
Você nem imagina!
Você nem pode avaliar!
You can't miss it.
Não há perigo de você se enganar.
You can't teach an old dog new tricks.
Quando você ia para o moinho, eu já voltava com o fubá.
Aos peixes não se ensina a nadar. (Prov.)
You did the right thing.
Você fez o que é certo.
You don't have to.
Você não é obrigado.
Não é obrigatório.
you folks (US)
vocês
You had better...
É melhor você…
You haven't seen anything yet.
Você ainda não viu nada.
You know best.
Você é quem sabe.
You know what?
Sabe de uma coisa?
You know what I mean?
Sabe o que eu quero dizer?
You look great.
Você está com ótima aparência.
You missed the bus.
Você bobeou.
You're kidding.
Você deve estar brincando.
You're OK?
Cê tá bem? (informal)
You're right on time.
Chegou bem na hora.
You're sure?
Cê tem certeza? (informal)
You're the best!
Você é joia!

Y

You're welcome! (*US, Can.*)
De nada!
Não há de quê!
Por nada!
You too.
Para você também.
You've got him all wrong.
Você o compreendeu errado.
You've got to be kidding.
Não brinca!
Você está brincando!
Você deve estar brincando!

Yours faithfully,
Atenciosamente,
(em término de carta ou correio eletrônico)
Yours sincerely,
Cordialmente,
(em término de carta ou correio eletrônico)

Z

Zip it up!
Cala a boca!
Cala o bico!
Cale a boca!
Cale o bico!
(gíria)

to zoom off
sair com pressa
to zoom through (*something*)
passar por (*um local*) muito rapidamente

REGÊNCIA

Exemplos de regências de alguns verbos, substantivos e adjetivos.

VERBOS E PREPOSIÇÕES

Lista dos verbos com as preposições que pedem:

Abandon to = abandonar a.
Abound in = abundar em.
Abound with = abundar em.
Absolve from = absolver de.
Abstain from = abster-se de.
Accede to = aceder a.
Accept of = aceitar de.
Accomodate to = adaptar a; acomodar-se a.
Accomodate someone with something = fornecer a alguém alguma coisa.
Accuse of = acusar de.
Accustom to = acostumar com a.
Adapt to = adaptar a.
Add to = acrescentar a.
Address to = dirigir-se a.
Adhere to = aderir a.
Administer to = administrar a.
Admit into = introduzir; dar acesso a.
Admit within = introduzir; dar acesso a.
Admit of = comportar; admitir de; permitir.
Admit to = reconhecer; aceitar como verdadeiro; aceitar como justo; dar direito a.
Advert to = aludir a.
Affix to = afixar em.
Agree about = concordar com.
Agree on = concordar com.

Agree upon = concordar com.
Agree to (*thing*) = concordar com (*proposta, plano, etc.*); concordar em (*fazer algo*).
Agree with (*someone*) = concordar com (*alguém, quanto a um plano ou proposta*).
Aim at = aspirar a; fazer pontaria em.
Alienate from = alienar de.
Allude to = aludir a.
Amount to = importar em.
Annex to = unir a.
Announce to = anunciar a.
Answer for = responder por; ser responsável por.
Answer to = responder a.
Apologize for = desculpar-se com.
Appeal to = apelar para.
Appear at = apresentar-se em.
Apply for = requerer; solicitar; candidatar-se a.
Apply to = dirigir-se a.
Appoint to = nomear para.
Approve of = aprovar; concordar em.
Argue about (*thing*) = discutir sobre; argumentar sobre.
Argue over = discutir sobre; argumentar sobre.
Argue for (*something*) = argumentar a favor; argumentar contra.
Argue against (*someting*) = argumentar a favor; argumentar contra.
Argue with (*a person*) = debater; discutir com.
Arise from = levantar-se de.
Arrive at = chegar a.
Ask about = indagar a respeito de (*pessoa ou coisa*).
Ask after = informar-se de (*pessoa*).
Ask for = pedir.
Aspire to = aspirar a.
Assent to = concordar com.
Attend at = comparecer.
Attend on (*person*) = cuidar de; acompanhar; servir a.
Attend upon = cuidar de; acompanhar; servir a.
Attend to = prestar atenção a; concordar com; dedicar-se a.
Attribute to = atribuir a.

Banish from = banir de.
Bark at = ladrar a.
Base on = basear em; basear-se em.
Beg for (*thing*) = pedir.
Beg of (*person*) = pedir a.
Believe in = acreditar em (*um fato*); ser favorável a (*uma ação*); confiar em (*pessoa*).
Belong in = pertencer a (*lugar*); fazer parte de.
Belong to (*person*) = pertencer a; ser próprio de; competir a.
Belong with = pertencer a (*classe ou categoria*); combinar com.
Bestow on = conceder a.
Bet on = apostar em.
Beware of = acautelar-se de.
Blame for = acusar de; culpar-se por; censurar por.
Boast about = elogiar (*coisa*); gabar-se de; vangloriar-se de.
Boast of = gabar-se de; vangloriar-se de.
Borrow of = pedir emprestado de.
Bow to = cumprimentar a.
Break against = espatifar-se contra.
Break away from = fugir de.
Break into = arrombar.
Break through = arrombar.
Break off = interromper.
Break over (*the rules*) = infringir; desrespeitar.
Break to (*pieces*) = espatifar.
Break with = romper com; cortar relações com.
Build from = construir (*baseado em desenho, projeto, etc.*).
Build of = construir com; construir de (*determinado material*).
Build on = construir sobre (*alicerce*).
Buy at = comprar em (*local*).
Buy from = comprar de (*pessoa, firma comercial, etc.*).
Buy of = comprar de.
Call at = visitar.
Call on = visitar.
Call for = requerer.
Call on = recorrer a.
Call to (*account*) = chamar à ordem.

Care for = interessar-se por; importar-se com.
Caution against = guardar-se de.
Change for = trocar por.
Change from... to = transferir; adiar (*encontro, reunião – mudando hora, data, etc.*).
Change into = transformar em; transformar-se em.
Charge with = acusar de.
Charge oneself with = incumbir-se de; encarregar-se de.
Cling to = agarrar-se a.
Combine with = combinar com.
Come across = vir através de; encontrar-se com alguém; deparar com.
Come after (*a person or thing*) = vir atrás de.
Come at = alcançar; obter; atacar.
Come before = vir à frente de; comparecer perante (juiz, etc.).
Come behind = vir atrás de.
Come by (*a conveyance*) = vir de (*meio de transporte*).
Come for (*a thing*) = vir em busca de.
Come from = vir de (*procedência*).
Come into = entrar; entrar na posse de.
Come through = vir através de.
Come to = vir a; vir para; chegar a; atingir (*despesa, etc.*); montar a (*despesa, etc.*).
Come upon (*a person*) = atacar; deparar com.
Come with = vir em companhia de.
Communicate with = comunicar com.
Compare to (*quality*) = comparar com.
Compare with (*semelhanças e diferenças*) = comparar (*algo*) com (*alguma coisa*).
Compete with = competir com.
Complain about = queixar-se de; reclamar de.
Complain of = queixar-se de.
Complain for = queixar-se de.
Complain before (*the court*) = apresentar queixa (*ao tribunal*).
Comply with = estar de acordo com; concordar em.
Conceal from = esconder de.
Concede to = conceder a.
Conclude from = concluir de.

Concur in = estar de acordo com (*ação*); estar de acordo em (*ação*); concordar com (*ação*); concordar em (*ação*).
Concur with = concordar com (*pessoa*).
Condemn to = condenar a.
Condescend to = ceder a.
Confer on = conceder a; outorgar a; conferir a.
Confer to = conceder a; outorgar a; conferir a.
Confer upon = conceder a; outorgar a; conferir a.
Confer with = conferenciar com; discutir com.
Confide in = confiar em.
Congratulate on = felicitar por; cumprimentar por.
Congratulate upon = felicitar por; cumprimentar por.
Connect to = unir a.
Consent to = consentir em.
Consist in = consistir em;
Consist of = compor-se de; consistir de; consistir em.
Conspire against = conspirar contra.
Consult with (*person*) = consultar com.
Contract for = contratar para.
Contribute to = contribuir para.
Convert into = converter em.
Convey by = transmitir por.
Convey from = transmitir de.
Convey to = transmitir a.
Convict of (*crime*) = condenar por.
Convince of = convencer de.
Cope with = opor-se a.
Copy from = copiar de.
Correspond to = corresponder a.
Correspond with = corresponder a.
Correspond with (*person*) = corresponder-se com; manter correspondência com.
Count on = contar com.
Date from = datar de.
Deal in = lidar com; tratar de.
Deal with = negociar com; lidar com; tratar de.
Decide on = decidir.

Decide in = decidir em; fazer um julgamento.
Dedicate to = dedicar a.
Deduct from = descontar de.
Defend from (*against*) = defender-se de.
Deliberate about = deliberar a respeito de; deliberar sobre.
Deliberate concerning = deliberar a respeito de; deliberar sobre.
Deliberate on = deliberar a respeito de; deliberar sobre.
Delight in = ter prazer em.
Deliver from = livrar de.
Demand from (*person*) = requerer a.
Depart from = partir de.
Depend on = depender de; confiar em.
Depend upon = depender de; confiar em.
Deprive of = privar de.
Derive from = derivar de.
Descend from = descer de.
Desist from = desistir de.
Despair of = desesperar de; perder a esperança de.
Develop from = provir de.
Develop into = transforma-se em; tornar-se.
Deviate from = desviar de.
Dictate to = ditar a.
Die by (*his own hands*) = morrer de (*por suas próprias mãos*).
Die by (*the sword*) = morrer à (*espada*).
Die for (*one's country, person*) = morrer por (*sua pátria, pessoa*).
Die from = morrer em consequência de (*um ferimento*).
Die of = morrer de (*doença*); morrer de (*sentido figurado*).
Die with (*the sword*) = morrer à (*espada*).
Differ from = diferir de; discordar de.
Differ with = discordar de (*alguém em opinião*).
Differ in = diferir em; discordar em.
Disagree about = discordar (*a respeito de coisas, opiniões, etc.*).
Disagree on = discordar (*a respeito de coisas, opiniões, etc.*).
Disagree over = discordar (*a respeito de coisas, opiniões, etc.*).
Disagree with = discordar de (*alguém*).
Disappear from = desaparecer de.
Dismiss from = demitir de.

Dissuade from = dissuadir de.
Distinguish from = distinguir de.
Distribute to = distribuir a.
Dive into = mergulhar em.
Diverge from = divergir de.
Divide among (*more than two*) = dividir entre.
Divide between two = dividir entre.
Divide from = separar de.
Divorce from = divorciar-se.
Dream of = sonhar com.
Doubt of = duvidar de.
Dream of = sonhar com.
Elevate to = elevar a.
Emancipate from = emancipar de.
Embark aboard of = embarcar a bordo de.
Embark in (*business, etc.*) = inverter capital em; tomar parte em.
Embark on (*business, etc.*) = inverter capital em; tomar parte em.
Embark for (*place*) = embarcar para.
Emerge from = sair de.
Emigrate from... to = emigrar de... para; emigrar para.
Emigrate from... into = emigrar de... para; emigrar para.
Employ in = empregar em.
Enclose with = cercar de.
End at = terminar em (*local*).
End with = terminar com; concluir com.
Enter (*a name*) **in** (*a book*) = registrar; inscrever (*um nome num livro*).
Enter into = entrar em; examinar; começar; tomar parte em.
Enter on = iniciar (*uma carreira*).
Enter upon = iniciar (*uma carreira*).
Entrust someone with something = confiar a alguém alguma coisa.
Erase from = apagar de.
Escape from = escapar de.
Estimate at = avaliar em.
Examine into = informar-se de.
Exchange for = trocar por.
Exclude from = excluir de.
Excuse for = desculpar por.

Exempt from = isentar de.
Expel from = expulsar de.
Explain to = explicar a.
Expose to = expor a.
Extend to = estender a.
Extort from = extorquir de.
Exult at = regozijar-se de.
Fall among = cair entre.
Fall from = cair de.
Fall into = cair em; cair para dentro de.
Fall out of = cair de; cair para fora de.
Fall to = cair a; cair em.
Fall upon (*the enemy*) = cair sobre (*o inimigo*).
Feed on = alimentar-se de.
Fight about = disputar.
Fight over = disputar.
Fight against = lutar contra (*a miséria, etc.*).
Fight for = lutar por; brigar por; disputar a posse de; defender (*um princípio, etc.*).
Fight with = lutar contra (*pessoa*); lutar com (*arma*).
Fill with = encher de; encher com.
Find fault with = achar defeito em.
Fire at = abrir fogo contra.
Float on = flutuar sobre.
Free from = livrar de.
Furnish with = abastecer de.
Glory in = vangloriar-se de.
Grant to = conceder a.
Guard against = guardar-se de.
Hang on = dependurar em.
Have pity on = compadecer-se de.
Hear about = ser informado a respeito de; ouvir falar de; ouvir falar a respeito de.
Hear from (*a person*) = ter notícias de (*diretamente*); receber notícias de (*diretamente*); receber carta de; receber correio eletrônico de.
Hear of = ouvir falar de; ter notícias de (*indiretamente*); receber notícias de (*indiretamente*).

Hear about = receber informação de; receber notícias de.
Hide from = esconder-se de.
Hinder from = impedir; impedir que.
Hope for = almejar; desejar.
Immigrate into = imigrar para.
Impel to = impelir a.
Impress on = imprimir em.
Increase from... to = aumentar de... para.
Indemnify for = indenizar por.
Infest with = infestar de.
Inquire about = pedir informações de.
Inquire into = pesquisar.
Inquire of = tomar informações de.
Insert into = inserir em.
Insinuate into = insinuar-se em.
Insist on = insistir em.
Insist upon = insistir em.
Inspire by = inspirar por.
Instruct in = instruir em.
Interfere with = interferir em.
Intimate to = intimar a.
Introduce for = introduzir para.
Introduce to = apresentar (*alguém*) a.
Issue from = manar de.
Judge by = julgar por.
Jump at (*an offer, an invitation*) = aceitar apressadamente (*uma oferta, um convite*).
Jump for (*joy*) = saltar de (*alegria*).
Jump from ... to = saltar de... para.
Jump into = saltar para dentro de.
Jump on = atacar.
Jump upon = atacar.
Jump out of = saltar para fora de.
Jump over = pular por cima de.
Jump to = saltar para.
Jump with = coincidir com; estar de acordo com.
Keep from = não revelar a (*pessoa*).

Knock at (*door*) = bater à.
Laugh about = rir-se por; rir-se devido a.
Laugh at = rir-se de (*alguém*); rir-se devido a (*um fato*).
Laugh away (*a subject*) = rir-se para fazer alguém mudar de assunto.
Lay hold of = pegar em.
Lay siege to = sitiar.
Lead to = conduzir a.
Lean on = encostar-se em.
Lend to = emprestar a.
Let to = alugar a.
Listen to = escutar; ouvir.
Live at = morar em.
Live by = viver de; viver à custa de.
Live in = morar em; viver dentro de; viver em.
Live on = viver de; alimentar-se de; sustentar-se de.
Live upon = viver de; alimentar-se de.
Live with = morar com; viver com.
Look about = espreitar.
Look about (*for a job*) = procurar (*um emprego*).
Look after = cuidar de; procurar.
Look against (*the light*) = olhar contra (*a luz*).
Look along = olhar em direção de.
Look at = olhar para.
Look down on (*a person*) = desdenhar de (*alguém*).
Look for = procurar.
Look forward to = esperar.
Look in = fazer uma breve visita; olhar para dentro.
Look into = examinar; investigar.
Look on = olhar para; dar para; estar voltado para.
Look on to = olhar para; dar para; estar voltado para.
Look out on = olhar para; dar para; estar voltado para.
Look out for (*trouble*) = procurar (*aborrecimentos, complicações*).
Look over = olhar por cima de; examinar; perdoar (*falta*).
Look through = olhar através de.
Look through (*a person*) = fixar alguém demoradamente e com rudeza; encarar.
Look up (*a word in the dictionary*) = procurar (*uma palavra no dicionário*)

Look upon = observar.
Make after = ir ao encalço de.
Make at = atacar.
Make away with = apropriar-se (*fraudulentamente*) de; furtar e levar consigo.
Make away with oneself = suicidar-se.
Make by = passar por; obter por meio de.
Make for = fazer para; viajar para; dirigir-se a.
Make into = transformar em.
Make of = fazer de; pensar de (*a respeito de*).
Make from = fazer de; pensar de (*a respeito de*).
Make out of = fazer de; pensar de (*a respeito de*).
Make from = fugir de.
Make up for = compensar.
Manage to = conseguir.
Match with = igualar-se com.
Meddle with = intrometer-se em; mexer em.
Medicate with = medicar com.
Medidate on = meditar sobre.
Meet with = encontrar-se com.
Mention to = mencionar a.
Mix with = misturar com.
Mock at = zombar de.
Mourn for = lamentar.
Murmur at = queixar-se de.
Negociate with = negociar com.
Nominate to = nomear a.
Object to = fazer objeção a; pôr objeção a; opor-se a.
Occur to = acontecer a.
Originate in = originar-se em.
Owe to = dever a (*dinheiro, obrigações, favores, etc.*).
Part among = distribuir.
Part from = separar-se de (*pessoa*); despedir-se de (*pessoa*).
Part in the middle = partir ao meio.
Part in two = partir pelo meio.
Part into = dividir em.
Part with = desfazer-se de; separar-se de (*coisa*).

Partake in = participar de; participar em.
Partake of = participar de; participar em.
Participate in = participar de; participar em.
Participate of = participar de; participar em.
Pave with = calçar de (*ruas*).
Pay for = pagar por.
Penetrate into = penetrar em.
Perish with = perecer de.
Persevere in = perseverar em.
Persist in = persistir em.
Pester with = importunar com.
Plague with = atormentar-se com.
Point at = apontar para.
Point to = apontar com o dedo.
Pray for = orar par que alguma coisa aconteça.
Pray to = orar a; rogar a.
Prefer to = preferir a.
Prepare for = preparar-se para.
Present to (*with*) = presentear a (*com*).
Preserve from = preservar de.
Preside at = presidir a.
Preside on = presidir a.
Preside over = presidir a.
Prevent from = impedir de.
Proceed against = processar; instaurar processo contra.
Proceed from... to = ir de... para; seguir de... para.
Proceed with = continuar com.
Profit by = tirar proveito de; aproveitar-se de.
Protect against = proteger contra; proteger de.
Protect from = proteger contra; proteger de.
Protest against = protestar contra.
Provide for = procurar alimento para.
Provide with = fornecer de.
Punish for = punir por.
Purchase of = comprar de.
Quarrel about = discutir sobre; discutir devido a.
Quarrel over = discutir sobre; discutir devido a.

Quarrel with = discutir com; brigar com.
Quote from = citar de.
Rate at = avaliar em.
React against = reagir contra.
React to = reagir a.
Rebel against = revoltar contra.
Receive from = receber de.
Recline on = reclinar sobre.
Reconcile to = reconciliar com.
Recover from = recuperar de (*saúde*).
Redeem from = resgatar de.
Reduce to = reduzir a.
Refer to = referir-se a.
Reflect on = refletir sobre.
Refrain from = abster-se de.
Refresh with = refrescar com.
Reign over = reinar sobre.
Rejoice at = deleitar-se com; regozijar-se com.
Rejoice in = deleitar-se com; regozijar-se com.
Relate to = contar a.
Rely on = confiar em (*pessoas*); contar com (*pessoas*).
Rely upon = confiar em (*pessoas*); contar com (*pessoas*).
Remind someone of something = lembrar a alguém alguma coisa; fazer alguém lembrar-se de alguma coisa.
Repent of = arrepender-se de.
Reply to = responder a.
Reproach someone for something = censurar alguém por alguma coisa.
Reproach someone with something = censurar alguém por alguma coisa.
Request of = pedir; rogar.
Require of = pedir; exigir.
Rescue from = slavar; livrar de.
Respond to = responder a.
Rest on = descansar em.
Restore to = restituir a.
Result from = originar-se de.
Retire from = retirar-se de; afastar-se de.
Return from = voltar de.

Return to = responder a; voltar a; voltar para.
Revenge oneself on = vingar-se de (*alguém*).
Ride in = andar de (*carro, ônibus, etc.*).
Rob a person of something = roubar alguma coisa de alguém.
Rule over = reinar sobre.
Run across = encontrar; deparar com.
Run after = correr atrás de; procurar obter.
Run against = chocar-se com; encontrar casualmente.
Run at = correr para; tentar alcançar.
Run from = correr de; partir de.
Run into = encontrar inesperadamente; deparar com; correr para dentro de; dar uma trombada em.
Run out of = ficar desprovido de; ir para fora de; escorrer para fora de.
Run over = ler rapidamente; ensaiar rapidamente; atropelar.
Run through = percorrer rapidamente; recapitular rapidamente.
Run up against = enfrentar (*dificuldades*); encontrar.
Run upon = bater contra; encontrar inesperadamente; deparar com.
Save from = salvar; poupar de.
Say to = dizer a.
Search for = procurar por.
See about (*something*) = cuidar de (*alguma coisa*).
See after (something) = cuidar de (*alguma coisa*).
See to (*something*) = cuidar de (*alguma coisa*).
See into (*a problem*) = examinar; estudar (*um problema*).
See through = ver através de; perceber (*plano, trapaça, etc.*).
Seek for = procurar.
Seize on = apoderar-se de.
Sell to = vender a.
Send for = mandar buscar.
Send to = enviar a.
Separate from = separar de.
Set with = guarnecer de.
Shake with = tremer de.
Share between = dividir entre.
Share in = participar de.
Share out among = distribuir entre.
Share with = repartir com.

Shelter from = abrigar de.
Shield from = proteger de; proteger contra.
Shoot at = atirar a (*alvo*).
Show to = mostrar a.
Smell of = cheirar a.
Smile at = sorrir para (*alguém*).
Speak about = falar de.
Speak of = falar de.
Speak on = falar de.
Speak upon = falar de.
Speak for = falar a favor de.
Speak against = falar contra.
Speak to = falar a (*pessoa*); saudar; cumprimentar.
Speak to (*somebody*) about = repreender (*alguém*) por.
Spend on = gastar em.
Spit on = cuspir em.
Spread with = espalhar de.
Spring from = pular de.
Stare at = encarar; olhar atentamente em.
Steal something from somebody = furtar alguma coisa de alguém.
Stop at = parar em.
Stuff with = rechear de; encher de.
Struggle for = lutar por.
Subtract from = subtrair de.
Succeed in = ter sucesso em; ter êxito em.
Succeed to = suceder a.
Suffer from = sofrer de (*moléstia*).
Suffer with = sofrer com (*uma dor, uma moléstia*).
Supply someone of something = prover alguém de alguma coisa.
Supply something to someone = fornecer alguma coisa a alguém.
Supply with = abastecer de; fornecer de.
Surrender to = render-se a.
Surround by = cercar de; cercar por.
Surround with = cercar de.
Take care of = cuidar de.
Talk about = falar de; conversar sobre.
Talk about (*somebody*) = falar mal de (*alguém*).

Talk at (*somebody*) = falar a (*alguém*), jogando uma indireta a outra pessoa.
Talk away = continuar falando.
Talk back = retrucar.
Talk down at (*somebody*) = falar a (*alguém*) com desdém.
Talk in = comunicar-se em.
Talk to = conversar com; falar com.
Talk of = falar a respeito de.
Talk over (*something*) = falar sobre; conversar a respeito de.
Tap at = bater a (*docemente*).
Taste of = ter o gosto de.
Tell about = narrar.
Thank for = agradecer por (*coisa*).
Think about = pensar em; achar de (*no sentido de refletir ou analisar*).
Think of = imaginar; pensar em.
Thirst after = ter sede de.
Throw... at = arremessar... contra (*alvo, pessoa*).
Trade in = negociar em.
Transform into = transformar em.
Translate from = traduzir de.
Translate into = traduzir para.
Tread on = pisar em.
Treat of = tratar de.
Treat on = tratar de.
Tremble with = tremer de.
Triumph over = triunfar de.
Trouble about = preocupar-se com.
Trust in = confiar em; acreditar em.
Unite with = unir-se a.
Use for = usar para.
Value at = avaliar em.
Vanish from = desvanecer-se.
Wait for = esperar; esperar por.
Wait on = servir; atender (*alguém, em restaurante, loja, etc.*).
Withdraw from = retirar-se de.
Wonder at = admirar-se de.
Work at = trabalhar a fim de; fazer o possível para.
Work for = trabalhar para (*pessoa, firma, etc.*); lutar por (*um ideal*).

Write about = escrever a respeito de.
Write to = escrever a.

SUBSTANTIVOS E PREPOSIÇÕES

Lista dos substantivos com as preposições que pedem:
Abstinency from = abstinência de.
Advantage of = vantagem de.
Advantage over = vantagem sobre.
Animosity against = animosidade contra.
Anxiety about = ansiedade a respeito de.
Anxiety concerning = ansiedade a respeito de.
Anxiety in regard to = ansiedade a respeito de.
Anxiety for = ansiedade por.
Aversion for = aversão a; aversão em; aversão para; aversão por.
Aversion from = aversão a; aversão em; aversão para; aversão por.
Aversion to = aversão a; aversão em; aversão para; aversão por.
Aversion towards = aversão a; aversão em; aversão para; aversão por.
Benevolence of = benevolência de.
Benevolence from = benevolência de.
Benevolence to = benevolência com; benevolência em relação a; benevolência para; benevolência para com.
Benevolence toward = benevolência com; benevolência em relação a; benevolência para; benevolência para com.
Charge of = incumbência de; responsabilidade de; direção de.
Choice of = opção em; escolha de.
Choice between = escolha entre.
Comparison between = comparação entre.
Comparison of = comparação de.
Comparison to = comparação a; comparação com.
Comparison with = comparação a; comparação com.
Complicity in = cumplicidade em.
Conversation about = conversação sobre.
Conversation between = conversação entre.
Conversation with = conversação com.
Danger of = perigo de.
Dozens of = dezenas de.
Exception of = exceção de.

Exception to = exceção a.
Friendship between = amizade entre.
Friendship for = amizade por.
Friendship toward = amizade a; para com.
Friendship with = amizade com.
Habit of = hábito de.
[Give] impression of = [dar a] impressão de.
Influence for (good) = influência para o bem; influência benéfica.
Influence in = influência em.
Influence of = influência de.
Influence on = influência sobre.
Influence over = influência sobre.
Influence with = influência sobre.
Invitation for = convite para (*data*).
Invitation to = convite para (*festa*).
Martyr of = mártir de; vítima de.
Martyr to = mártir de; vítima de.
Pardon for = perdão por.
Pardon of = perdão de.
Pardon to = perdão a.
Progress in = progresso em.
Satisfaction in = satisfação em.
Specialist in = especialista em.

ADJETIVOS E PREPOSIÇÕES

Lista dos adjetivos com as preposições que pedem:

Absent of = ausente de.
Accustomed to = habituado a; acostumado a; acostumado com.
Adjacent to = adjacente a.
Afraid of = com medo de.
Alarmed at = assustado com.
Amazed at = admirado de; admirado com.
Analogous to = análogo a.
Analogous with = análogo a.
Angry about (*something*) = zangado por (*alguma coisa*).
Angry at (*something*) = zangado por (*alguma coisa*).
Angry at (*someone*) = zangado com (*alguém*).

Angry with (*someone*) = zangado com (*alguém*).
Annoyed at = aborrecido com; aborrecido por.
Anxious about = preocupado com; preocupado por.
Anxious for = preocupado com; preocupado por.
Appropriate for (*person or thing*) = apropriado para; próprio para.
Appropriate to (*occasion, situation, etc.*) = próprio para.
Ashamed of = envergonhado de.
Astonished at = admirado de; admirado por.
Attentive to = atento a; atento em.
Aware of = a par de; ciente de.
Bent on = inclinado a; disposto a.
Bent upon = inclinado a; disposto a.
Bound for = com destino a.
Bound to = com destino a.
Busy with = ocupado com.
Capable of = capaz de.
Careful about = cuidadoso com; cuidadoso a respeito de.
Careful of (*one's health*) = cuidadoso com (*a própria saúde*); preocupado com (*a saúde*).
Careful with (*work*) = cuidadoso em (*trabalho*).
Careless about = descuidado em; indiferente a.
Careless of = descuidado em; indiferente a.
[Be] certain about = [ter] certeza de.
Certain of = certo de; ciente de.
Charitable to = caridoso com.
Close by = próximo a; próximo de.
Close to = próximo a; próximo de.
Common to = comum a.
Comparable to = equivalente a.
Composed of = composto de.
Conducive to = conducente a.
Confident of = confiante em; certo de.
Conscious of = ciente de.
Considerate about = atencioso com; que leva em consideração as circunstâncias, etc.
Considerate of (*persons*) = atencioso com (*as pessoas*).
Contemporary with = contemporâneo de.

Content with = contente com; satisfeito com; satisfeito de; satisfeito em; satisfeito por.
Contrary to = contrário a.
Convenient to = conveniente a.
Cruel to = cruel com.
Defiant against = insolente com; agressivo contra.
Deficient in = deficiente com.
Dependent on = sujeito a; subordinado a; dependente de.
Dependent upon = sujeito a; subordinado a; dependente de
Descriptive of = descritivo de.
Desirous of = desejoso de.
Different in = diferente em.
Different from = diferente de.
Disappointed at (*act*) = desapontado com.
Disobedient to = desobediente a.
Distant to = distante de.
Distinct from = distinto de.
Doubtful of = duvidoso quanto a.
Due to = devido a.
Eager about = ávido de; ansioso por.
Eager after = ávido de; ansioso por.
Eager of = ávido de; ansioso por.
Eager for = ávido de; ansioso por.
Eager in = impetuoso em.
Eligible for = digno de; merecedor de; apto para.
Eminent for = célebre por.
Envious for = invejoso de.
Envious of = invejoso de.
Equal to = igual a.
Equivalent to = equivalente a.
Exempt from = isento de.
Expert in = técnico de; técnico em; perito em; grande conhecedor de.
Faithful to = fiel a.
Famed for = famoso por.
Familiar with = familiarizado com.
Famous for = famoso por.
Far from = longe de.

Fond of = apreciador de; louco por.
Foreign to = estranho a.
Free in = livre em.
Free from = isento de; livre de.
Free of = investido do direito de.
Full of = cheio de.
Furious with = furioso com.
Glad at = contente com; contente de; contente em; contente por.
Glad for = contente com; contente de; contente em; contente por.
Glad of = contente com; contente de; contente em; contente por.
Good at = competente em; bom em.
Good for = bom para.
Grateful to (*person*) = grato a (*pessoa*).
Guilty about = culpado por; envergonhado de.
Guilty of (*crime*) = culpado de (*crime*).
Honest about = sincero a respeito de; franco a respeito de.
Honest with (*person*) = sincero com (*alguém*); franco com (*alguém*).
Identical with = idêntico a.
Ignorant of = ignorante de.
Ill with = doente de.
Immune against = imune a; imune de.
Immune from = imune a; imune de.
Impatient at = impaciente com (*fato, circustância*); impaciente por (*fato, circustância*).
Impatient for = impaciente com (*fato, circustância*); impaciente por (*fato, circustância*).
Impatient with = impaciente com (*pessoa*).
Impenetrable by = insensível a.
Imperceptible to = imperceptível a.
Important to = importante para.
Incapable of = incapaz de.
Inclined to = inclinado a.
Inconvenient to = inconveniente a.
Independent of = independente de.
Indifferent to = indiferente a.
Indignant at = indignado com (*fato, situação, etc.*); indignado contra (*fato, situação, etc.*);indignado por (*fato, situação, etc.*).

Indignant with = indignado com (*pessoa*).
Inferior to = inferior a.
Innocent to = inocente de.
Innofensive to = inofensivo a.
Insensible to = insensível a.
Interested in = interessado em; entusiasmado por.
Kind to = bondoso com; bondoso para; bondoso para com; amável com.
Loyal to = leal a.
Mad at (*somebody*) = zangado com (*alguém*).
Mad at (*something*) = zangado devido a (*um fato*).
Mad about = louco por; louco de.
Mad after = louco por; louco de.
Mad for = louco por; louco de.
Mad with = louco por; louco de.
Married to = casado com.
Necessary for = necessário a.
Necessary to = necessário a.
Negligent of = negligente com.
Next to = próximo a.
Noted for = célebre por.
Obedient to = obediente a.
Offended at = ofendido por.
Offensive to = ofensivo a.
Open to = aberto a.
Opposite to = oposto a.
Owing to = devido a.
Particular about = cuidadoso com.
Patient with = paciente com.
Peculiar to = peculiar a.
Perplexed at = perplexo com.
Pleased about = satisfeito com; satisfeito por.
Polite to = atencioso com; delicado com; delicado para com.
Possessed of = possuído por; possuído de.
Preferable to = preferível a.
Prejudicial to = prejudicial a.
Presente em = presente em.
Prone to = propenso a.

Proud of = orgulhoso de.
Punctual in = pontual em.
Punctual to = pontual em.
Qualified for = qualificado para.
Ready for = pronto para.
Remarkable for = notável por.
Remote from = distante de.
Renowned for = célebre por.
Replete with = repleto de.
Resemblance to = semelhança com.
Resemblance of = aparência de; semelhança com.
Responsible for = responsável por.
Responsible to = responsável ante; responsável perante.
Rich in = rico em; rico de.
Rich with = rico em; provido de; ornado de; ornado com.
Sacred to = sagrado para.
Sad at = triste com.
Safe from = livre de.
Sensible of = consciente de; cônscio de.
Separate from = separado de.
Shocked at = horrorizado com.
Short of (*means, money*) = sem (*recursos, dinheiro*).
Shy of = envergonhado de.
Sick at = doente de.
Sick at (+ *GERÚNDIO*) = triste por; triste devido a.
Sick for = ansioso por; com saudade de.
Sick of = doente de; farto de (*uma coisa*); cansado de (*uma coisa*).
Similar to = semelhante a.
Sorry about = pesaroso por (*fato*); pesaroso devido a (*fato*); arrependido de (*fato*).
Sorry for = pesaroso por (*fato*); arrependido de (*fato*).
Sorry for (*somebody*) = com pena de (*alguém*).
Strange to = estranho a.
Subject to = sujeito a.
Sufficient for = suficiente para.
Sure about = certo de.
Sure of (*oneself*) = seguro de (*si mesmo*); cheio de si.

Surprised at = surpreso com; admirado de.
Suspicious of = desconfiado de.
Terrified at = amedrontado com.
Thankful for = agradecido por.
Tired from = cansado de; cansado devido a (*trabalho,etc.*).
Tired of = cansado de; enjoado de; farto de.
Touched at = comovido por.
Uncertain of = incerto quanto.
Uneasy at = inquieto com.
Used to = acostumado a; habituado a.
Unfit to = impróprio para.
Ungrateful to = ingrato com.
Unworthy of = indigno de.
Versed in = versado em.
Weary of = cansado de.
Welcome to = bem-vindo a.
Wet with = molhado por.
Worthy of = digno de.

REFERÊNCIAS

Obras consultadas para a composição deste livro:

ALLEN, R. E. et al. The Oxford Dictionary and Thesaurus. American Edition. New York: Oxford University Press, 1996.

ALLEN, W. Stannard, SOUZA, Alice de. Walter and Connie reporting.1. Belo Horizonte: Empreendimentos Culturais Brasileiros Ltda., 1970.

ALLEN, W. Stannard, SOUZA, Alice de. Walter and Connie reporting.2. Belo Horizonte: Empreendimentos Culturais Brasileiros Ltda., 1970.

ALLEN, W. Stannard, SOUZA, Alice de. Walter and Connie reporting.3. Belo Horizonte: Empreendimentos Culturais Brasileiros Ltda., 1970.

ANÔNIMO. Cambridge International Dictionary of English. http://dictionary. cambridge.org/define.asp?, em 06/01/02.

ANÔNIMO. Cursos de Inglês. Jornal do Brasil, 10/11/1984, p. 10.

ANÔNIMO. Dicionário Universal da Língua Portuguesa. Lisboa: Priberam, 2001. http://www.priberam.pt/DLPO/ em 06/01/02.

ANÔNIMO. Guia Multilingue. Conversação em 5 linguas. Lisboa, Amadora: Livraria Bertrand, 1973.

ANÔNIMO. Inglês para Todos. Editorial Bandeirantes Ltda., s.n.t.

ANÔNIMO. Lingua Ingleza. Primeiro Methodo. Rio de Janeiro, São Paulo e Belo Horizonte: Livraria Paulo de Azevedo & C., s.d.

ANÔNIMO. Merriam-Webster Online Collegiate Dictionary. www.m-w.com/cgi-bin/dictionary, em 27/12/01.

ANÔNIMO. National Post, www.nationalpost.com, em 26/10/02.

ANÔNIMO. New Concise Webster's Dictionary. New York: Modern Publishing, 1993.

ANÔNIMO. The American Heritage Dictionary of the English Language: Fourth Edition. Houghton Mifflin Company, 2000. http://bartleby.com/61/34/S0463400.html, em 26/12/01.

ANÔNIMO. Webster's Dictionary. Ashland: Landoll, Inc., 1995.

ANÔNIMO. Webster's English Dictionary. Toronto: Strathearn Books Limited, 1997.

ANÔNIMO. Webster's New Dictionary & Thesaurus. s.l. Promotional Sales Books, Inc., 1995.

BALDWIN, Ruth. Clear Writing and Literacy. Toronto: Ontario Literacy Coalition, 1990.

BANDEIRA, Oscar. Dificuldades e Idiotismos da Língua Inglêsa. Rio de Janeiro: Of. Graf. Fábrica de Bonsucesso, 1947.

BAUMGÄRTNER, Alfred, SCHÜSSLER, Alexander. Aprenda Inglês em 30 Horas. Lisboa: Editorial Presença, 1993.

BENSABAT, Jacob. Gramática Inglesa Teórica e Prática. Porto: Livraria Chardron, de Lélo & Irmão, Ltd., s.d.

BENSABAT, Jacob. O Inglês sem Mestre em 50 Lições. Porto. Lello & Irmão – Editores, s.d.

BREZOLIN, Adauri. Elogios e Respostas a Elogios: Estudo Contrastivo nas Línguas Portuguesa e Inglesa, dissertação de mestrado. São Paulo: FFLCH/USP, 1994 Apud BREZOLIN, Adauri. Elogios e Respostas a Elogios: Uma Taxinomia Descritiva. Ponta Grossa: Uniletras, Universidade Estadual de Ponta Grossa.

CAMARGO, Sydney, STEINBERG, Martha. Methaphors in Contrast: English x Portuguese. Ponta Grossa: Uniletras, Universidade Estadual de Ponta Grossa, n. 14, dez. 1992.

CAMPOS, Geir. O que é tradução. São Paulo: Brasiliense, 1986.

CERDEIRA, Cleide B., SENNE, Patrícia H. C. Inglês. Segundo Grau. Volume 2. São Paulo: Moderna, 1977.

CHALMERS, Rui de Barros. Inglês Comercial para o 2°. Grau. São Paulo: Atlas, 1974.

CIPRO NETO, Pasquale, INFANTE, Ulisses. Gramática da Língua Portuguesa. São Paulo: Scipione, 1999.

Collegiate Dictionary. Encyclopaedia Britannica. www.britannica.com, em 26/12/01.

Collegiate Thesaurus. Encyclopaedia Britannica. www.britannica.com, em 26/12/01.

Compton's Interactive Encyclopedia. 1997 Edition. Version 1.0. Softkey Multimedia Inc., 1996.

CRYSTAL, David. The Cambridge Encyclopedia of Language. Cambridge: Cambridge University Press, 1987.

DA CUNHA, Celso Ferreira. Língua Portuguêsa e Realidade Brasileira. 6^a ed. Rio de Janeiro: Tempo Brasileiro, 1976

DE BRITTO, Marisa M. Jenkins, GREGORIM, Clóvis O. Michaelis S.O.S. Inglês. Guia Prático de Gramática. São Paulo: Melhoramentos, 1995.

DE LACERDA, Roberto Cortes, LACERDA, Helena da Rosa Cortes, ABREU, Estela dos Santos. Dicionário de Provérbios: Francês, Português, Inglês. Rio de Janeiro: Lacerda Ed., 1999.

DE MATTOS, João Paulo Juruena, BRETAUD, Robert. Dicionário de Idiomatismos Francês-Português/Português-Francês. Rio de Janeiro: Marques Saraiva, 1990.

DE MORAIS, Armando. Dicionário de Inglês-Português. Porto: Porto Editora, 1988.

DE NICOLA, José, INFANTE, Ulisses. Gramática Essencial. 3ª. edição. São Paulo: Scipione, 1989.

DO COUTO, Hildo Honório. O que é Português Brasileiro. São Paulo: Brasiliense, 1986.

DÓRIA, António Álvaro. Dicionário Português-Inglês. Porto: Figueirinhas, 1955.

DOS SANTOS, Agenor Soares. Guia Prático da Tradução Inglesa. São Paulo: Cultrix, 1995.

ELIA, Sílvio Edmundo et al. Dicionário Gramatical. Porto Alegre: Editora Globo, 1962.

ENGLISH GRAMMAR. http://www.fortunecity.com/bally/durrus/153/gramch26. html#3, em 30/03/03.

ERSKIN, John. John's ESL Community. www.johnsesl.com/templates/index.php, em 12/01/03.

EURICH, A. C., KINSELLA, T. M., KRASUSKA, Teresa. Curso de Inglês Americano. Manual. London: The Linguaphone Institute, 1974.

FARACO, Carlos Emílio, DE MOURA, Francisco Marto. Gramática. São Paulo: Ática, 1999.

FERREIRA, Afra Soares et al. Inglês. Belo Horizonte: s.n.t., 1973.

FERREIRA, Aurélio Buarque de Holanda et al.. Novo Aurélio Século XXI. Rio de Janeiro: Nova Fronteira, 1999.

FITZGERALD, Frederico. Gramática Teórica e Prática da Língua Inglesa. Porto Alegre: Livraria Selbach, 1932.

FRANKEL, Benjamin B. Dicionário de Expressões Idiomáticas da Língua Inglesa. Rio de Janeiro: Gráfica Vitória, 1987.

FREIRE, F. Castro. Novo Diccionario Francez-Portuguez. Paris: Aillaud & Cia, 1900.

GRAHAM, Jean B. Inglês para Brasileiros. Rio de Janeiro: Record, s.d.

GRANT, David, McLARTY, Robert. Business Basics. Oxford: Oxford University Press, 2001.

GREENALL, Simon. Move Up. Advanced. Teacher's Book. Oxford: Macmillan Publishers Limited, 1998.

GRIFFI, Beth. Gramática. Livro do Professor. São Paulo: Moderna, 1996.

HARMER, Jeremy. The Practice of English Language Teaching. Third Edition. Longman.

HICKS, David, COELHO, M. Dias. Calling All Beginners. Belo Horizonte: Empreendimentos Culturais Brasileiros Ltda., 1964.

HICKS, David, DE SOUZA, Alice. Meet the Parkers. Belo Horizonte: Empreendimentos Culturais Brasileiros Ltda., 1961.

HOLLAENDER, Arnon, SANDERS, Sidney. Keyword. A Complete English Course. São Paulo: Moderna, 1998.

HOUAISS, Antônio, AVERY, Catherine B. Nôvo Dicionário Barsa das Línguas Inglêsa e Portuguêsa. Vol 1. New York: Appleton-Century-Crofts, 1968.

JOTA, Zélio dos Santos. Dicionário de Linguística. Rio de Janeiro: Presença, Brasília: Instituto Nacional do Livro, Ministério da Educação e Cultura, 1981.

KAPPUS, Ellen M., ROGERS, J. David. Comenius English Language Center. www.britannica.com/frm_redir.jsp?query=id.com, em 10/03/2002.

KENCH, Barry et al. Business English. São Paulo: Globo, 1993.

LADMIRAL, Jean-René et al. A Tradução e os seus Problemas. Lisboa: Edições 70, 1980.

LADO, Robert. Lado English Series. 2. New York: Regents.

LADO, Robert, FRIES, Charles C. English Pattern Practices. Ann Arbor: The University of Michigan Press, 1959.

LEAL, José Benedito Donadon. A Precedência da Entoação sobre as Demais Estruturas Linguísticas. Mariana: Com Textos, Departamento de Letras da Universidade Federal de Ouro Preto, ano 1, n.1, nov. 1987.

MAGALHÃES JÚNIOR, R. Dicionário de Coloquialismos. Rio de Janeiro: Civilização Brasileira, 1964.

MARTINS, Heitor. Notas para uma Metodologia da Língua Portuguêsa no Exterior. Revista do Livro: Rio de Janeiro, Instituto Nacional do Livro, Ministério da Educação e Cultura, 99-106, jul.- dez. 1961.

MATTOS E SILVA, Rosa Virgínia. Contradições no Ensino de Português. Salvador: Editora da Universidade Federal da Bahia, 1995.

McPARTLAND, Pamela. What's up? American Idioms. Englewood Cliffs: Prentice Hall Regents, 1989.

MICHAELIS, H. Novo Diccionario da Lingua Portugueza e Allemã. Neues Wörterbuch der portugiesischen und deutschen Sprache. Leipzig: F. A. Brockhaus, 1923.

MOREIRA, Pedro. O linguajar dos postulantes. Estado de Minas, 19 de dez. 2001.

MUNTER, Mary. Guide to Managerial Communication. Englewood Cliffs: Prentice-Hall, Inc., 1987.

O'CONNEL, Sue, FOLEY, Mark, WHITEHEAD, Russell. Focus on Advanced English C.A.E. Essex: Pearson Educational Limited, Addison Wesley Longman, 2001.

OLIVEIRA, Solange Ribeiro. O Profissional de Letras no Mundo Contemporâneo. Mariana: Com Textos, ano 1, n.1, nov. 1987, pp. 3- 7.

ORWELL, George. Politics and the English Language. Apud: BAKER, Sheridan, LEDBETTER, Ken, GAMACHE, Lawrence B. The Canadian Practical Stylist with Readings. New York: HarperCollins Publishers, 1987.

Oxford Advanced Learner's Dictionary of Current English. Fifth edition. Oxford: Oxford University Press, 1995.

PÂNDU, Pandiá. Dicionário Global de Idiomatismos Ingleses. Rio de Janeiro: Renovada, s.d.

PÂNDU, Pandiá. 2500 frases mais usadas em 5 línguas. Rio de Janeiro: Ediouro, s.d.

PEI, Mario A., GAYNOR, Frank. A Dictionary of Linguistics. New York: Philosophical Library, 1954.

PIMENTA, Aluísio. Prefácio. In: DE SOUZA, C. L. Dicionário de Gírias da Língua Inglesa. Belo Horizonte: Uptime Consultants, 2003.

PRATOR, JR., Clifford H. Manual of American English Pronunciation. New York: Holt, Rinehart and Winston, 1957.

RAMALHO, Énio. Gramática da Língua Inglesa. Porto: Editora Porto, 1988.

RÓNAI, Paulo. Guia Prático da Tradução Francesa. Rio de Janeiro: Nova Fronteira, 1983.

ROSEN, Leonard J. The Everyday English Handbook. Garden City, New York: Doubleday & Company, Inc., 1985.

SALIBA, Maria Aparecida Nascimento. Look Out – Não Quebre a Cabeça com a Tradução. Belo Horizonte: Rona, 1994.

SCHIMIDT, M. A., HAINFELDER, H. F. Dicionário Português-Inglês de Locuções e Expressões Idiomáticas. São Paulo: Casa Editorial Schimidt Ltda, 1989.

SELECÇÕES DO READER'S DIGEST (PORTUGAL). O Inglês de Hoje – 3. Diálogos em Português. Observações Gramaticais. Lisboa: Gráfica Brás Monteiro, 1976.

SERPA, Oswaldo Ferreira. Dicionário de Expressões Idiomáticas Inglês-Português/ Português-Inglês. Rio de Janeiro: Fundação Nacional de Material Escolar, 1982.

SERPA, Oswaldo Ferreira. Dicionário Escolar Inglês-Português e Português-Inglês. Rio de Janeiro: Fundação Nacional de Material Escolar, 1990.

SERPA, Oswaldo Ferreira. Gramática da Língua Inglesa. Rio de Janeiro: Fundação de Assistência ao Estudante, 1990.

SHARPE, Pamela J. Barron's How to Prepare for the TOEFL: Test of English as a Foreign Language. Hauppauge: Barron's, 1994.

SOUZA, Adalberto de Oliveira. Cendrars tradutor do Brasil. São Paulo: Annablume, 1995.

SPEARS, Richard A. Basic Phrasal Verbs. Chicago: NTC Publishing Group, 1996.

SPERLING, Dave, OLIVER, Dennis. ESL Idiom Page. Dennis Oliver's Idioms. http://eslcafe.com/idioms/id-mngs.html, em 24/03/02.

TAYLOR, Liz. International Express. Pre-Intermediate. Student's Book with Pocket Book. Oxford: Oxford University Press, 2002.

VAL, Maria da Graça Costa et al. Redação Técnica. Belo Horizonte: Universidade Federal de Minas Gerais, 1986.

VICTORIA, Luiz A. P. Dicionário e Conjugação dos Verbos Inglêses. 5ª ed. Rio de Janeiro: Editora Científica, s.d.

VIEIRA, Else Ribeiro Pires. Some remarks on comparative stylistics applied to translation from English into Portuguese. Belo Horizonte: Estudos Germânicos. Universidade Federal de Minas Gerais, ano III, dez. 1992, pp. 147-161.

WEINER, Joan P. (Editora) Infopedia. The Ultimate Multimedia Encyclopedia and Reference Library. Version 2.0. Softkey International, 1996.

APRECIAÇÃO CRÍTICA / BLURBS

APRECIAÇÃO CRÍTICA DE
EXPRESSÕES NECESSÁRIAS PARA FALAR INGLÊS

"[O autor] levanta diversas questões de significado para reflexões teórico-culturais."
F. Azevedo, Academia Brasil-Europa de Ciência da Cultura e da Ciência, Alemanha / *Akademie Brasil-Europa für Kultur- und Wissenschaftswissenschaft*

"As idiossincrasias do inglês ficaram mais fáceis de serem consultadas e assimiladas depois dessa obra. Parabéns ao autor pela obra simples e eficaz."
Leani Souza Máximo Pereira, Universidade Federal de Minas Gerais

"*Expressões necessárias para falar inglês* é fundamental."
O Estado. Ceará, Brasil

"*Expressões necessárias para falar inglês*, de autoria de Cristiano Souza [...] é obra paradidática de excepcional oportunidade, por preencher lamentável lacuna e apresentar conteúdo essencial, objetivo e atraente. O material dedica um quinto de suas duzentas e poucas páginas à fundamentação linguística e ensino de mestres da língua inglesa que discorrem sobre várias questões [...]. Entretanto, é o idiomatismo, ou idiotismo, que ocupa maior parte dessa introdução necessária, já que não só justifica a edição do importante livro, como também ministra o aspecto vital, causa eficiente indispensável, para quem quer falar e compreender, sem grande dificuldade, o inglês – as expressões idiomáticas, abundantes e em ordem alfabética. Se difundido com eficiência, esse livro, por seu rico conteúdo e praticidade, terá surpreendente aceitação da parte de professores e estudiosos desse idioma."

Jair Barbosa da Costa, Professor de Inglês e Português, escritor, crítico literário

PRAISE FOR
ESSENTIAL IDIOMS: ENGLISH-PORTUGUESE

"*Expressões necessárias para falar inglês* [*Essential Idioms: English-Portuguese*] is a reliable tool for use in all language situations. It provides accurate and up-to-date information on written Portuguese and English as they are used today."
Polyana Leite Mendes, University of Toronto

"*Expressões necessárias para falar inglês* [*Essential Idioms: English-Portuguese*] is indispensable for beginners and will certainly increase and enrich their vocabulary. It is a must have in the quest for reaching an advanced level. Carry it with you all the time! Put it under your pillow!"
Richard Shelton Hickox Jr., English Teacher

Este livro foi composto com tipografia Avenir Next Condensed e Minion Pro
em papel off set 75 g/m² na Paulinelli